KB170230

나는 제발 영어를
길게 말하고 싶다

외우지 않고 붙이면서 만드는 영어 공부법

나는 제발 영어를 길게 말하고 싶다

장정인 지음 **네이슨** 검수

두드림미디어

프롤로그

차라리 법을 공부하는 것이 낫겠다

나는 일본에서 일본어로 영어를 배웠다. 한국어와 달리 영어는 철자대로 소리 나지 않는다. 영어는 철자와 발음을 따로 외워야 한다. 일본에서 영어를 배운 탓에 발음은 일본식 영어 발음으로 변해버렸다. 영어는 한국어와 어순이 다르다. 어떤 순서로 말을 해야 하는지 도무지 알 수 없었다. 그냥 영어 문장을 외워서 말할 수밖에 없다고 생각했다.

영어 문법책을 읽어도 무슨 말인지 이해할 수 없었다. 전치사, 과거분사, 관계 대명사, 접속사 등의 문법 용어는 볼 때마다 낯설었다. 차라리 법률 용어가 더 이해하기 쉬울 것이라고 생각하며 좌절하기도 했다.

캐나다와 필리핀 연수를 다녀왔지만, 영어에 대한 자신감은 없었다

영어는 현지에 가서 배워야 한다고 생각했다. 캐나다와 필리핀 어학 연수를 다녀온 이유다. 하지만 영어는 여전히 넘어야 할 높은 산이었다. 영어 실력이 늘지 않았으므로 어학 연수를 다녀왔다고 말하지 않았다. 외국인을 만나도 편하게 하고 싶은 말을 할 수 없었다. 무슨 말인지 잘 들리지도 않았고, 대화하면서 상황에 맞는 말을 찾기도 힘들었다.

그러던 중, 몇 개월 동안 도서관에서 100권이 넘는 영어 문법책을 읽게 되었다. 그러면서 우리 한국인에게 맞는 영어 학습법이 따로 있다는 것을 알게 되었다. 영어가 보이기 시작했다. 없던 자신감이 생겼고, 신이 났다. 영어 학원에서 학생들을 가르치기 시작했다. 나와 같이 수업한 학생들의 실력이 단기간에 향상되는 것을 보면서 나의 영어 학습법이 효과가 있음을 확신하게 되었다.

영어는 붙여가면서 길게 말하는 것이다

한국인의 영어 학습은 주로 암기에 의존해 있다. 언어는 암기해야 할 영역이 있음을 인정한다. 하지만, 이해가 바탕이 되지 않으면 외운 영어는 쉽게 잊어버린다. 외운 문장 외의 문장은 말할 수 없음은 물론이다.

영어는 붙여가면서 길게 말하는 것이다. 우리는 3형식으로 된 짧은 토막말을 하려고 영어를 배우는 것이 아니다. 내가 하고 싶은 말을 외우지 않고 쭉쭉 연결해가면서 길게 말하고 싶은 것이다. 이 책은 영어를 길게 말하는 방법을 다룬 책이다.

영어를 길게 말하는 방법은 3가지다

영어는 명사 위주의 언어다. 명사를 연결해서 길게 말하는 방법은 3가지가 있다. 전치사, 동사 변형, 문장으로 연결하는 방법이 그것이다. 이 책의 2장부터 4장에서 그 방법을 설명하고 있다. 나는 가능한 어려운 영어 문법 용어를 사용하지 않으려고 노력했다. 하지만 나의 영어 실력 부족과 일본식 문법 용어에 익숙한 학생들을 위해 일부 사용하기도 했다.

내가 이전에 몰랐던 지식이나 새로운 영어 문법을 발견한 것이 아니다. 이미 우리가 알고 있는 사실을 나만의 시각으로 표현했을 뿐이다. 이 책은 어디서부터 영어를 시작해야 할지 몰라서 막막해하는 학습자들에게 도움이 될 것이다. 영어 기초가 거의 없는 왕초보 학습자보다는 초급과 중급 학생들에게 더 효과가 있음을 말해두고 싶다.

포기하지 않는다면 항상 길은 있다. 나는 이 책을 읽는 분들이 조바

심 내지 말고 자기 속도로 영어를 배웠으면 좋겠다. 어렵다고 포기하지 않고 꾸준히 공부하고 익힌다면, 어느 날 영어가 편하게 느껴질 것이다. 나도 그런 과정을 거쳐왔다.

이 책이 그 여정에 조금이라도 도움이 된다면 나는 더할 나위 없이 기쁠 것 같다.

장정인

차례

동사를 이용한 매력적인 긴 문장 만들기

문장을 잘 만드는 사람이 이긴다

지금까지 해오던 외우는 영어는 버리세요

영어 연결 실전 연습

당신이 영어를 길게 말하지 못하는 이유

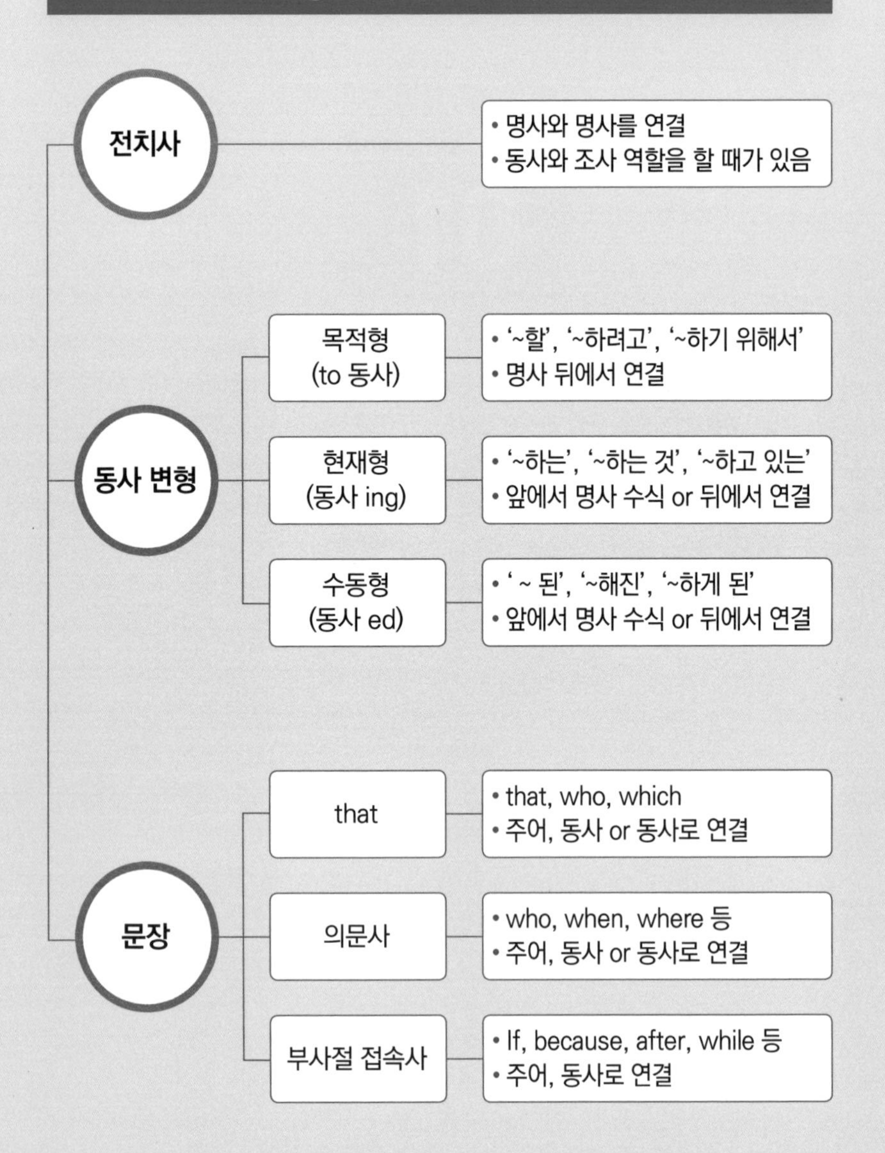
영어 연결 3가지 방법
전치사
• 명사와 명사를 연결
• 동사와 조사 역할을 할 때가 있음
동사 변형
목적형
(to 동사)
• '~할', '~하려고', '~하기 위해서'
• 명사 뒤에서 연결
현재형
(동사 ing)
• '~하는', '~하는 것', '~하고 있는'
• 앞에서 명사 수식 or 뒤에서 연결
수동형
(동사 ed)
• ' ~ 된', '~해진', '~하게 된'
• 앞에서 명사 수식 or 뒤에서 연결
문장
that
• that, who, which
• 주어, 동사 or 동사로 연결
의문사
• who, when, where 등
• 주어, 동사 or 동사로 연결
부사절 접속사
• If, because, after, while 등
• 주어, 동사로 연결

1

지금 당신의 영어 실력은 당신 탓이 아니다

누구나 영어를 잘하고 싶어 한다. 영어를 잘하는 것은 대한민국의 국민적 소망이다. 영어를 잘하는 사람은 더 좋은 기회를 얻는다. 좋은 학교에 진학해 모두가 선망하는 직장에서 일할 가능성이 크다. 해외여행도 두려움 없이 자유롭게 다닐 수 있다. 구글을 영어로 검색해 더 많은 정보를 다른 사람보다 빨리 얻을 수 있다.

무슨 일이든 잘하려고 노력하면 잘해야 한다. 그런데 영어는 그렇지 않다. 예를 들어, 피아노를 친다고 하자. 몇 년만 치면 제법 잘 칠 수 있을 것이다. 골프를 친다고 하자. 재능이 없어도 몇 년만 연습하면 어느 정도는 잘할 수 있다.

그런데 영어는 왜 10년 넘게 공부해도 늘 제자리일까? 왜 영어만 생각하면 가슴이 답답할까? 왜 외국인만 보면 울렁증이 생길까? 왜 여행사를 통해 패키지 여행을 가는 것이 더 마음 편할까?

나는 수년간 영어 학원을 운영하면서 초등학생부터 70대 시니어까지 많이 만나왔다. 그분들과 같이 영어 수업을 하면서 우리의 영어 교육이 전혀 방향이 없음을 알게 되었다.

초등 저학년은 놀이와 흥미 위주의 영어 수업을 한다. 아이들이 영어에 흥미를 잃을까 봐 부모들은 전전긍긍해 한다. 그러다가 초등 고학년이 되면 단어도 외우고, 원어민과 회화도 시켜본다. 중학생이 되면 아이들이 본격적으로 영어 단어를 외우고, 문법을 공부하게 만든다. 고등학생이 되면 내신과 수능을 위한 시험공부를 시킨다.

그러다가 성인이 되면 영어 회화를 해야 한다. 그러니 다들 당황스럽다. 나는 영어를 제대로 배운 적이 없는데 이미 세월은 10년이 흘렀다. 영어를 잘할 수 없으니 이제 '어학 연수나 유학이라도 가야 하나?' 하고 생각하게 된다. 어학 연수나 유학은 비용이 많이 든다. 몇 개월 다녀왔다고 해서 잘하게 되는 것도 아니다. 주위에 어학 연수를 다녀왔으나 영어를 못하는 사람을 많이 봤을 것이다.

지금은 초등학교 3학년부터 학교에서 영어 수업을 시작한다. 하지만 대부분의 부모들은 초등학교 3학년은 영어를 처음 배우기에는 너무 늦다고 생각한다. 또한, 학교에서 영어를 잘 가르쳐줄 것이라고 기대하는 부모들도 없다.

보통 아이들은 초등학교에 들어갈 때가 되면 영어 학원을 찾는다. 물론 더 어릴 때 시작하는 아이들도 있고, 영어 유치원을 몇 년씩 다니는 아이들도 있다. 아이들은 지금의 성인들보다 영어 교육을 빨리 시작하고 영어에도 많이 노출된다. 덕분에 평균적인 영어 수준은 좀 올라갔지만, 큰 틀에서 보면 별로 바뀐 것은 없다.

얼마 전에 이직을 준비하는 30대 직장인이 학원에 상담하러 왔다. 더 좋은 회사로 이직하기 위해 영어 회화가 필요하다고 말했다. 그분은 몇 달 동안 토익 학원에 다녔고, 800점이 넘는 점수를 받았다. 토익은 일상생활과 비즈니스 현장에서 요구되는 영어 능력을 갖추고 있는지 평가하는 시험이다. 토익은 990점이 만점이며, 900점 이상부터 높은 점수로 여겨진다. 기업에서는 토익 700점 정도를 요구하기 때문에 토익 800점은 이직 조건으로 충분하다. 그 학생은 서류 면접을 통과하고 나면 영어 인터뷰가 있을 것인데, 인터뷰를 통과할 자신이 없어서 영어 회화 학원을 찾아온 것이었다.

이처럼 시험 점수를 위한 영어 공부와 회화를 위한 영어 공부를 따로 해야 한다. 어릴 때부터 영어 시험과 영어 회화를 통일성 있게 같이 배워왔다면, 성인이 되어 따로 영어 회화를 배우지 않아도 된다.

우리나라에서 영어는 시험 과목이다. 무조건 점수를 잘 받아야 하고, 틀리면 안 되는 중요한 과목 중의 하나다. 내가 농담으로 학생들에게 가끔 이야기한다. 우리가 영어 시험에서 한 개만 덜 틀렸어도 서울대에 갔을 것이라고. 영어가 시험 과목이었기 때문에 우리는 영어를 틀리면 안 된다는 강박 관념을 가지게 되었다. 그러다 보니 영어 회화를 할 때도 틀리면 안 된다고 생각하는 것이다. 영어가 입 밖으로 나오지 않는 것은 너무나 당연한 일인지도 모른다.

언어는 잘못 말하면서 배우는 것이다. 원래 잘못 말하는 것이다. 아이들이 말을 배울 때 처음부터 문장을 만들어 이야기하지 않는다. 단어부터 내뱉다가 어느 순간 조금씩 길어져서 나중에 문장을 말하게 된다.

언어를 배우는 과정이 이런 줄 알면서도 성인들이 영어 회화를 배울 때는 잘못 말할까 봐 두려워한다. 언어를 배우는 과정에서 당연히 틀리고 잘못 말해야 하는데, 그것을 창피하게 생각하는 것이 지금의 우리 모습이다. 안타깝게도, 영어 회화는 성인이 되어서 부끄러움을 무릅쓰고 다시 배워야 하는 별도의 과목이 되었다.

20대 후반의 직장인이 학원에 상담하러 왔다. 그분은 영어를 좀 체계적으로 배우고 싶어서 왔는데, 영어 회화를 꽤 잘했다. 영어 리스닝과 스피킹 실력이 나쁘지 않았다. 나는 그분에게 어떻게 영어를 배웠는지 물었다.

그분은 대학 때부터 해외 배낭여행을 많이 다녔다고 했다. 그러면서 기본적인 영어 회화는 할 수 있게 되었다. 하지만 직장 생활을 하면서 제대로 된 이메일 한 통을 쓸 수 없었다. 곧 아버지 사업을 물려받아야 하는데, 이런 영어 실력으로는 도저히 안 될 것 같다고 학원을 찾아 온 것이었다. 주위에서는 자신이 영어를 잘하는 줄 안다고 말했다. 정작 자신은 너무 답답했고, 어디서부터 다시 영어를 시작해야 할지 모르고 있었다.

나는 학원에 있으면서 이런 분들이 의외로 많다는 것을 알게 되었다. 나는 이런 영어를 '호구 조사 영어'라고 부른다. 우리가 사람을 만나서 하는 말들은 거의 정해져 있다. 그러다 보니 반복적으로 사용하는 자기소개 같은 대화는 잘한다.

하지만 조금 더 복잡해지고 길어지면 그때는 난감해하는 분들이 많다. 조금 다른 영어 표현을 사용해서 물어보면 못 알아듣는다. 간단한 영어 이메일 한 통을 쓰려고 해도 번역기를 사용해야 한다. 거래 업체로부터 받은 영어 이메일은 제대로 해석이 안 된다. 영어로 대화해야 하는 비즈니스 식사 자리 또한 두렵다.

사실 이런 분들은 자신의 영어 수준을 잘 모른다. 종종 자기가 영어를 잘하는 줄 알고, 더 이상 배우려고 하지 않는 사람들도 봤다. 자기 주위에 영어를 잘하는 사람이 없고, 몇 번의 해외여행을 통해 의사소통에 대한 자신감을 가지게 되었기 때문이다.

20대 중반의 프리랜서가 학원에 왔다. 이분은 영어를 잘하고 싶어서 거의 안 해본 방법이 없었다. 처음에는 연초에 할인을 받아 인터넷 강의(이하 인강)를 등록했다고 한다. 몇 번 들었는데 강제성이 없어서 잘 안하게 되었다. 그다음에는 전화 영어와 원어민 화상 영어를 시작했다. 처음에는 재미있었고 좀 말이 나오는 것 같았다. 그러다 어느 순간 계속 같은 표현만 되풀이하니 말하면서 뭔가 발전이 없는 느낌이 들었다.

이번에는 전화 영어와 원어민 화상 영어를 그만두고, 유튜브로 영어 강의를 들었다고 한다. 혼자 공부하다 보니 말할 기회가 없었고, 영어가 늘지 않았다. 그러다 다른 방법이 없나 싶어 학원을 찾아온 것이었다. 영어를 잘하기 위해 많은 시도를 했지만, 이분의 영어는 초·중급에 머물러 있었다.

우리는 영어를 공부할 수 있는 방법이 너무 많아 고민되는 시대에 살고 있다. 언어는 꾸준함과 노력이 요구되는지 알면서도, 몇 개월 안에 끝낸다는 말에 혹하곤 한다. 광고와 현실을 구분하지 못하는 것이다. 나에게 맞는 영어 학습법이 무엇인지도 모르고, 남들이 공부했다는 방식대로 따라 한다. 그러다가 단기간에 효과가 없으면 그만둬버린다. 언어는 어떤 식으로 공부해도 시간이 걸리고, 꾸준함이 기본값이다. 하지만 영어 교육 업체들은 이런 사실을 말하지 않는다.

지금까지 말한 이유로 당신이 영어를 못하는 것이다. 어떻게 보면 당신 탓이 아니다. 어려서부터 우리 영어 교육은 일관성이 없었고, 시험 위주였다. 어려운 국어, 수학과 같이 공부해야 하는 하나의 과목이었다. 영어 회화를 배운 적도 없는데, 왜 영어를 말하지 못하냐고 물어본다. 영어 회화를 조금 하는 사람에게는 왜 비즈니스 영어는 못하냐고 의아해한다. 영어를 배우려고 했더니 온갖 광고로 포장되어 있어 무슨 방법이 좋은지도 모르겠다.

그래서 지금의 당신 영어 실력은 당신 탓이 아니라고 나는 말하는 것이다. 하지만 우리는 영어를 잘하고 싶고, 영어를 길게 말하기를 원한다. 늦지 않았다. 앞으로 잘하면 되고 잘할 수 있다. 당신에게 맞는 방법을 찾기만 한다면 말이다.

2

100년 동안 거의 달라지지 않은 영문법

새로운 것을 배우고 공부해야 할 때 당신은 주로 어떻게 하는가? 주위 사람들에게 물어보는가? 블로그나 유튜브를 보는가? 아니면 그것을 가르쳐주는 학원으로 바로 가는가? 사람마다 방법은 다를 것이다.

나는 도서관과 서점으로 간다. 먼저 도서관에 가서 그 분야의 책이 몇 권 정도인지 대충 파악한다. 그런 다음, 비슷한 내용으로 묶어본다. 묶은 책 중에서 마음에 드는 책을 10권 정도 골라서 읽어본다. 그러면 어떤 주제에 대해 꽤 폭넓은 지식을 얻을 수 있다. 그리고 나서 서점에 가서 신간 위주로 몇 권을 더 구입해 읽어본다. 이렇게 하면 거의 전문가 수준이 된다.

나는 도서관에서 영어 문법책을 100권 넘게 읽었다. 10권이 아닌

100권이다. 그렇다면 전문가가 아닌, 영어 도사가 되어 있어야 한다. 그런데 그렇지 않다. 지금부터 그렇지 않은 2가지 이유를 말하려고 한다.

첫째, 내가 본 영어 문법책 100권의 내용이 거의 비슷하다는 것이다. 어떻게 이런 신기한 일이 있을 수 있을까? 우리가 접하는 대부분의 영어 문법책은 일본식 문법을 토대로 하고 있다. 일본은 서양의 기술과 법률 체계 등 서양 문물을 받아들이면서 급하게 번역과 해석 위주로 영어를 받아들였다.

우리는 그런 일본을 통해 영어를 배웠다. 그것이 벌써 100년 전이다. 그렇다면 영어를 설명하는 방식이 좀 바뀌어야 하는데 별로 그렇지 않다. 영어 문법을 설명하는 방식은 거의 변함이 없다. 그런 책들이 있다고 해도 정통 문법이 아니라는 이유로 외면당한다.

그러니 100권을 읽었지만, 실제로 100권이 아니다. 사실 읽은 것이 아니고, 그냥 넘겨봤다는 표현이 더 정확할 것 같다. 내가 도서관에서 본 100권이 넘는 책 중에 10권 정도만 좀 다른 방식으로 영어 문법을 설명하려고 시도했다.

표지와 편집만 세련되게 바꾸어 내놓은 책이 대부분이었다. 가끔은 유명 강사의 사진과 함께 기존의 책이 제목만 바꾸어 출간되기도 했다. 그러니, 100권을 읽어도 별로 다른 내용이 없는 것이다. 문법 설명이나 예문이 판에 박은 듯 동일했다.

이것은 블로그와 유튜브도 마찬가지다. 예를 들어, to 부정사를 검색해보자. 블로그에 to 부정사에 대한 글들이 많이 있을 것이다. 처음에는 정보가 많다고 생각하고 몇 개를 읽어볼 것이다. 하지만 블로그 글 5개만 읽어봐도 그 내용에 별로 차이가 없음을 알고 놀라게 된다. 심지어 다양한 예문을 찾기가 힘들다. 누군가가 사전을 참고해 한번 만들어 놓은 예문은 몇 년이 지나도 다른 블로그 글에서 발견된다.

유튜브에 관계 대명사를 검색해보자. 여러 강사가 설명한 영상들이 있다. 처음에 1~2개의 영상을 볼 때는 잘 모른다. 하지만 계속 보다 보면 대부분의 영상 내용이 별 차이가 없고, 예문도 비슷하다는 것을 알게 된다. 정말 다르게 설명할 방법이 없는 것인지, 그냥 편하게 다른 사람의 생각이나 영상을 가져와 올린 것은 아닌지 모르겠다.

나도 이런 불편한 이야기는 하고 싶지 않다. 하지만 이것이 우리가 다양한 지식과 정보가 있다고 생각하는 책, 블로그, 유튜브에 있는 빈약한 영어 문법 콘텐츠의 현실이다.

둘째, 일본식 문법은 이해하기 어렵다. 일본식 문법이 어려운 이유는 문법 용어 자체가 너무 생소하다. 그리고 영어를 수학처럼 공식으로 만들어놓았다. 우선 문법 용어부터 이야기해보자.

다음의 문법 설명이 이해되는가?

분사 구문은 분사로 시작하는 구문으로 형용사절 또는 부사절을 축약한 형태이므로 형용사 또는 부사 역할을 합니다. 분사 구문의 특징은 아래와 같이 정리할 수 있습니다.

1. 분사(현재 분사 또는 과거 분사로)로 시작
2. 형용사 또는 부사 역할(형용사절 또는 부사절을 축약한 구문)
3. 구어체보다는 주로 문어체에서 사용

분사 구문은 부사절을 축약한 형태에만 한정해서 설명하는 경우가 많습니다. 형용사절을 축약한 분사 구문은 그냥 분사로 설명하는데, 이 또한 분사 구문으로 볼 수 있습니다.

이 설명은 대학교 전공 서적에 있는 영어 분사에 대한 설명이 아니다. 중학교, 고등학교 영어 문법책에서 흔히 볼 수 있는 설명이다. 나는 한자 세대이기 때문에 그나마 일본식 문법 용어에 익숙한 편이다. 하지만 요즘 아이들은 그렇지 않다. 한자를 배우지 않는 아이들도 많다. 그런 아이들에게 한자를 기준으로 만든 일본식 문법 용어는 그 자체가 외국어다.

또한, 영어를 수학처럼 공식화해놓았다. 우리가 하는 모든 말들을 공식화할 수는 없음에도 모든 영어 문장에 항상 공식이 있다. 공식에 맞지 않는 것은 예외로 해둔다. 설명하다 보면 좀 이상하다. 예외에 또 예외를 둘 수밖에 없는 이유다. 그러다 보니 공식과 예외를 같이 외우게 해놓았다. 예외는 예외이기 때문에 시험 문제 내기에 얼마나 좋은가. 아이들은 공식과 예외를 외우고 또 외워야 한다.

내가 일본에서 배운 문법대로 한국의 학교에서도 영어 문법을 설명하고 있다. 나는 일본식 문법으로 아이들에게 영어를 가르치고 싶지 않다. 하지만 중학교 2학년부터의 영어 시험은 일본식 문법으로 출제된다.

일본식 문법은 절대 안 된다고 말하는 것이 아니다. 하지만 일본으로부터 영어를 받아들인 지 100년이 지났다면 이제는 좀 바뀌어야 하지 않을까? '아직도 그런 어렵고 구태의연한 방식으로 영어 문법을 설명해야 할까?' 하는 의문이 드는 것뿐이다.

고등학생들에게 수능 영어를 가르쳤던 적이 있다. 보통 영어 회화는 쉽고 수능 영어는 어려울 거라고 생각한다. 영어 회화보다 입시 영어를 가르치는 사람이 더 실력이 있을 거라고 생각할지도 모르겠다. 하지만 문법으로 보면 영어 회화와 입시 영어의 본질은 같다. 단지 입시에 나오는 영어 단어가 좀 더 고등화되고, 문장 구조가 더 복잡한 것뿐이다. 문장에서 도치와 생략 또한 많이 일어난다.

일본식 문법 용어를 사용하지 않고도 복잡한 고등 영어 독해가 가능하다. 그럼에도 초등학교 때부터 일본식 문법에 젖어온 아이들은 이것이 to 부정사의 무슨 용법인지 묻는다. 무슨 용법인지 알아야 할 아무 이유가 없지만, to 부정사의 형용사적 용법이라는 말을 듣고 흡족해한다. 관계 대명사만 나오면 이것은 무슨 용법인지 묻는 고등학생이 있었다. 그것을 왜 알아야 하냐고 물었더니 학교에서 선생님이 그것을 물어본다고 했다. 그 고등학생은 관계 대명사의 계속적 용법인지, 한정적 용법인지 확인해서 책에 적어둬야 안심하곤 했다.

다행히도 최근에는 일본식 영어 문법에 문제가 많다는 지적이 계속 나오고 있다. 언젠가는 우리가 더 쉽게 이해할 수 있는 한국인에 맞는 영어 문법 학습법이 나올 것이다. 영어 문법에 대해 아무 비판 없이 받아들이지 말고, 더 좋은 방법은 없는지 고민해봤으면 좋겠다.

3

영어를 길게 말하지 못하면 벌어지는 일

당신은 영어를 말할 때 'and'를 많이 사용하고 있지 않은가? 그렇다면 영어를 길게 말하는 방법을 모를 확률이 높다. 문장은 주로 3형식을 사용하고 'and'로 문장을 연결할 것이기 때문이다. 3형식이라는 것은 '나는 무엇을 한다'라는 영어 문장 형식으로 주어, 동사, 목적어로 구성된 문장을 말한다.

예를 들어, '그는 휴가 중이라서 기쁘다'라는 문장이 있다고 하자. '그는 휴가 중이다'는 'He is on vacation'이고, '그는 기쁘다'는 'He is happy'다. 그럼 and를 사용해서 'He is on vacation and he is happy'라고 말할 것이다. 뒤에서 동사를 바꾸어 문장을 연결하는 방법을 배울 것이지만, to를 사용한다면 이런 식의 문장이 가능하다. 'He is happy to be on vacation.' 이렇게 and를 사용하지 않고도 문장을 연결할 수 있다.

영어를 길게 말하는 방법은 3가지가 있다. 이 방법을 모르면 3형식으로만 계속 말하게 된다. '나는 친구를 만나서 점심을 먹을 것이다'라는 문장도 '나는 친구를 만난다' 그리고 '나는 점심을 먹는다'로 말하게 되는 것이다. 이런 단조로운 문장 형식은 말하는 사람도 어색하고, 듣는 사람도 불편하다. 그렇지 않을까? 이것은 어린아이들이 성장 과정에서 말하는 문장 형식이다. 초등학교만 들어가도 이런 식으로 말하지 않는다.

전화 영어로 몇 달을 학습한 30대 직장인이 학원에 상담하러 왔다. 원어민 선생님이 그분과 영어 인터뷰를 했는데, 내가 옆에서 들어보니 유난히 if, and, because를 많이 사용하고 있었다. 이것은 내가 '영어 연결 3종 세트'라고 부르는 말들이다. 우리가 영어를 연결할 때 사용하기 좋아하는 3종 세트다.

실제로 원어민들은 if, and, because를 그렇게 빈번히 사용하지 않는다. 훨씬 더 좋고 간결한 영어 표현들이 있기 때문이다. 영어로 말을 하는 사람은 스스로 못 느끼는 경우가 많다. 녹음해서 들려주면 자기가 이렇게 if, and, because를 많이 사용하고 있냐고 하며 알고 놀란다.

if를 예로 들어보자. '커피를 많이 마신다면, 나는 밤에 잠을 잘 잘 수 없다'라는 문장을 영어로 말해보자. if가 떠오르지 않는가? 'If I have too much coffee, I can't sleep well'이라고 초·중급자들은 대부분 이야기한다.

물론 이 문장도 훌륭하다. 이 문장에도 문법이 많이 들어가 있다. 이 문장을 만든 사람은 if는 접속사이므로 뒤에 주어, 동사가 와야 함을 알고 있다. 그러므로, if 뒤에 I와 have를 붙였을 것이고, coffee는 셀 수 없는 명사이므로 many가 아닌 much를 넣었을 것이다. can't는 조동사이므로 동사 원형 sleep을 사용했다. 충분히 좋은 문장이다.

하지만 원어민들은 이런 표현도 좋아한다.

I can't sleep after drinking too much coffee.

Too much coffee keeps me awake at night.

Coffee can cause sleepless nights.

이처럼 if가 아니라도 다양한 표현이 가능하다.

그럼, because는 어떨까? '날씨가 추워서 감기에 걸렸다'라는 말을 영어로 해보자. 'I caught a cold because the weather is cold'라고 하면 될까? 나쁘지 않다. '감기에 걸리다'는 'catch a cold'이고, catch의 과거형은 caught다. because는 접속사이므로 뒤에 주어, 동사가 온다. the weather를 주어, is를 동사로 사용했다.

이런 다른 표현도 좋다.

Cold weather made me catch a cold.

I have got a cold from cold weather.

I got sick because of the cold weather.

이처럼 and, if, because가 아니라고 해도 전치사, 동사 변형, 다른 문장 형식을 사용한다면 훨씬 생생하고 풍부한 영어 표현이 가능하다는 것을 말하고 싶다. 영어를 길게 말하는 방법을 모른다면, 이 '영어 연결 3종 세트'와 계속 친하게 지내야 한다.

대학원 영어 논문 발표를 앞두고 40대 주부가 학원에 찾아왔다. 미국에 가서 영어로 논문을 발표하고 토론해야 하는데, 지금의 영어로는 안 된다고 생각했다고 한다. 나는 왜 지금의 영어로는 안 된다고 생각하는지 물었다.

다른 사람들은 영어를 길게 말을 하는데, 자신의 영어는 토막말처럼 짧다는 것이었다. 이분은 학교 다닐 때 영어 공부는 열심히 했으나 결혼하고 육아에 전념하면서 영어를 많이 잊어버렸다. 문법부터 다시 공부할 수도 없고, 많은 영어 문장을 외울 수도 없었다. 고민하다가 도움을 요청하러 학원에 온 것이었다.

영어를 잘하는 사람이 많은 곳에서 강연하거나 발표하려면 압박감을 느낀다. 철저한 준비와 연습이 필요한 이유다. 일상 대화나 여행 영어처럼 정확한 의사소통이 가능하다면 짧은 영어 문장도 괜찮다.

하지만 발표와 토론을 해야 하는 학술 현장이나 협상과 설득이 요구되는 비즈니스 현장은 결이 다르다. 일부러 간단한 문장을 어렵고, 복잡하게 만들라는 말이 아니다. 3형식 영어 문장과 쉬운 부사 몇 개만 섞어서 말을 한다면, 본인이 하고자 하는 말을 설득력 있게 전달할 수 없을 것이다.

내가 말하는 문장에 얼마만큼의 정보를 담을 것이냐가 결국은 문장 길이가 된다. 영어를 길게 붙여서 말하는 방법을 모른다면, 내가 말하는 문장에 충분한 정보를 담을 수 없고, 계속 끊어서 말을 해야 한다.

전문 직업을 가진 70대 시니어가 학원에 왔다. 70대에 영어 공부할 정도면 배움에 열정과 자신감이 있는 분이다. 특히 어학은 다른 취미 활동보다 더 그러하다. 이분은 여행을 좋아해서 1년에 2번은 꼭 해외로 여행을 나간다고 했다.

시간 절약과 교통 편의성 때문에 여행사를 통해 해외여행을 가지만, 현지에서는 본인이 영어를 사용하기를 원했다. 집에서 가까운 문화 센터를 다니며 5년 동안 영어를 공부했다고 한다.

나는 왜 학원에 왔는지 그분에게 물었다. 그분은 영어를 배우기는 했지만, 계속 단어만 나열하고 있는 자신이 한심해서 왔다고 말하는 것이었다. 단어만 나열해서 무슨 말이 되겠냐고 말했다. 굳이 내가 말하지 않아도 학습자들 스스로 안다. 영어를 배우는 사람이라면 영어를 길게 말하고 싶은 욕심이 있는 것이다. 이분은 이미 아는 영어 단어가 많았고, 집에서도 열심히 공부하는 분이었다. 단어를 연결해 문장을 만드는 법을 배운 이후로 꽤 길게 말씀하실 줄 알게 되었다. 이분이 원어민과 말을 연결해서 대화하는 것을 보고 있으면 굉장히 흐뭇하다.

노력하지 않고 공짜로 얻을 수 있는 것은 거의 없다. 이것이 세상의 이치다. 적은 노력으로 많은 것을 얻는 것을 별로 보지 못했다. 기초가 없는 사람이 몇 달 만에 영어를 원어민처럼 할 수 있다고 믿는 것은 설계도 없이 바로 집을 짓겠다는 말과 같다. 무엇이든지 배우는 것이다. 영어도 배우는 것이고, 영어를 길게 말하는 방법도 배우는 것이다.

영어를 길게 말하지 못하면 단어만 나열하거나 단조로운 문장만 계속 말하게 된다. 이런 영어는 격식 있는 자리에서 사용할 수 없다. 그러므로, 영어를 길게 말하는 방법을 배우도록 하자. 누가 들어도 멋있고 세련된 영어를 말하는 것을 목표로 삼자.

4

암기에 의존하는 영어는 오래가지 않는다

교과서나 연설 전체를 암기해버리는 통암기법에 대해 들어본 적이 있는가? 통암기법은 일본의 노구치 유키오(野口悠紀雄) 교수가 쓴 책《초학습법》에 나오는 공부법이다. 영어 교과서나 지문을 20회 음독해서 통째로 암기해버리는 방식이다.

이 학습법은, 단어와 독해 공부를 따로 하지 않아도 문장 전체를 이해하는 능력이 향상되고, 영어 시험에서도 효과가 탁월하다고 말한다. 음독으로 반복적인 학습을 하므로 영어 특유의 리듬을 이해할 수 있다고 한다. 당신 생각은 어떤가?

한국 사람 10명이 모이면 10가지 영어 공부법이 있다. 첫아이를 키우는 부모들은 주위 사람들의 말에 휩쓸려 아이의 영어 공부도 우왕좌

왕한다. 소리 영어, 어학기 학습, 영어 원서, 화상 영어 등 주위에서 좋다고 하면 이것저것 막 시킨다.

둘째 아이부터는 첫 아이를 통해 얻은 생각과 경험이 있어서 좀 느긋해진다. 본인만의 생각을 가지게 되는 것이다. 우리 아이에게 맞는 방법이 있다는 것도 알게 되고, 이제 다른 사람들의 말에 쉽게 휘둘리지 않는다.

초등·성인 영어 학원에서 수년간 학생들을 가르쳐온 내 의견은 이렇다. 언어는 암기의 영역과 이해의 영역이 있다. 암기가 정답은 아니라고 해도 암기해야 할 것도 있다. 암기의 영역은 최대한 줄이고, 이해의 영역을 넓혀주는 것이 내가 할 일이다.

영어 단어와 영어식 표현은 암기의 영역, 영어 문법과 영작은 이해의 영역이다. 영어 단어를 이해한다고 될 일도 아니고, 영작은 암기한다고 잘할 수 있는 것도 아니다.

초등학교 4학년 아이를 데리고 학원에 상담하러 온 젊은 어머니가 있었다. 아이와 같이 베트남 가족 여행을 다녀왔다고 했다. 아이가 영어를 좀 잘하는 줄 알았는데, 호텔과 여행지에서 한마디도 못하더라는 것이었다. 초등학교 2학년부터 영어 학원에 보내고 있었고, 매달 아이가 스피킹하는 동영상을 학원에서 어머니에게 보내주고 있었다. 그 동영상을 나에게 보여주면서 이렇게 말을 잘하는데, 왜 여행지에서 한마디도 못하는 것인지 정말 이상하다고 말했다.

아이들의 성격이나 재능이 다르므로 정해진 답은 없다. 아이들은 성인들보다 암기력이 좋다. 동영상의 끊어 말하는 부분을 봤을 때 아이는 모든 영어 문장을 통째로 외운 것 같았다. 보통 학원에서는 문장을 외우도록 연습을 시킨다. 발음, 억양, 대본까지 반복적으로 말하면서 외우게 한다.

그 외운 문장들을 아이들은 동영상을 찍고 나서 거의 잊어버린다. 그렇지 않다고 해도 어린아이들이 외운 문장을 의사소통에 사용하기는 어렵다. 아이는 특정 주제에 대한 영어 문장들을 외웠는데, 어머니가 요구하는 것은 외국인과의 의사소통이다.

영어 학원에서 원어민 선생님과 아이가 서로 대화하게 하고 동영상을 찍거나, 아이들끼리 영어로 스피킹을 하는 동영상을 찍기는 사실 번거롭다. 아이 혼자 외우게 하고 몇 번 연습시킨 뒤 동영상으로 만드는 것이 학원에서는 제일 손쉬운 방법이다. 그러니 아이들이 의사소통이 안 되는 것은 당연하다. 오히려 아이들이 몇 마디라도 해주면 고맙다고 생각해야 한다.

아이 성격이 소심하다면 부모의 강요 앞에서 울지 않은 것만 해도 다행이다. 이런 부정적인 경험으로 아이는 이제 영어 학원에 가지 않겠다고 선언할 수도 있다. 그러니 아이들에게 영어 문장을 통째로 외우게 하지 말자.

초등학교 4학년 정도라면 영어 단어를 습득하게 하고, 영어 문장을 읽게 한다. 읽은 내용을 이해했는지 확인한다. 그러고 나서, 읽은 문장을 한국어로 말해주고 어느 정도 영어로 말할 수 있는지 본다. 그렇게 했을 때 어려워하는 부분이 있다면, 그 부분을 아이의 눈높이에 맞추어 쉽게 설명해주면 어떨까?

예전에는 아이들에게 자신감을 주기 위해 학원에서 아이들을 전국 영어 말하기 대회에 많이 참가시켰다. 이것이 영어가 아니고 암기와 웅변이라는 것을 알게 된 학부모들이 이제는 그런 대회를 별로 환영하지 않는다.

아이들의 성장 과정에서 영어 발표를 하나의 경험으로 생각한다면 나쁘지 않다. 하지만 아이들이 완벽하게 연습해서 외운 발표 영어를 아이들의 실제 영어 실력이라고 착각하면 곤란하다.

놀란 얼굴을 한 어머니가 고등학교 1학년 학생과 함께 학원을 방문했다. 그 학생은 중학교 때까지 영어를 잘했는데, 고등학교에 가서 하위 등급을 받아왔다고 했다. 영어 학원을 계속 보내고 있었고, 중학교 때는 90점이 넘는 점수를 받아와서 안심하고 있었다. 그 학원에서는 학생이 이번 시험을 망쳤다고 말했는데, 어머니는 뭔가 이상하다고 생각해 상담을 하러 온 것이었다.

나는 그 학생에게 중학교 때는 영어를 잘했는데, 왜 고등학교 시험은 잘 못 봤는지 물어봤다. 학생들은 스스로 답을 알고 있는 경우가 많기 때문이다. 그랬더니, 중학교 때는 교과서를 다 외워서 별로 안 틀렸는

데, 고등학교 시험은 지문이 복잡해서 해석이 안 된다고 대답하는 것이었다.

이런 일이 많이 일어난다. 중학교 2학년부터 학교에서 영어 시험이 있다. 이러한 영어 시험을 잘 보려면 교과서 본문 전체를 외워야 한다. 그렇게 많은 영어 학원에서 아이들에게 영어 본문을 외우게 한다. 시험 점수가 좋지 않으면 학원을 그만두기 때문에 다른 방법이 없다.

나도 그렇게 한다. 차이점이 있다면, 출발이 한국어다. 본문을 외우기 전에 한국어를 보면서 본문 영작을 시킨다. 대부분 문장 연결 부분이 매끄럽게 영작이 안 된다. 단어와 단어, 문장과 문장을 연결하고 있는 부분이 어려운 것이다. 그 부분을 한국어와 영어의 차이를 설명하고, 문법적으로 이해하기 쉽게 설명해준다. 내 설명을 이해한 아이들은 영어 본문을 외우는 과정을 훨씬 수월하게 느낀다. 시험용 영어를 위한 학습 방법이다. 중학교 시험 문제는 교과서 암기 위주로 나오기 때문에 대부분 만점이거나 1~2개 틀린다.

그러니 다들 영어를 잘한다고 착각하는 것이다. 하지만 고등학교에 가서는 전혀 통하지 않는다. 공부에 재능이 있는 일부 아이들을 제외하고, 평균적인 아이들은 이제 선택해야 한다. 고등 영어 독해와 시험을 위한 문법 공부를 처음부터 시작할 것인지, 아니면 '영포자'가 될 것인지 결정해야 할 순간이 오는 것이다.

30대 후반의 직장인이 학원에 찾아왔다. 분명히 영어를 다 외웠는데 말하려고 하면 하나도 기억이 안 난다는 것이었다. 외국에서 온 손님과 회의를 했는데 간신히 외운 문장 몇 개만 이야기하고 나왔다고 했다. 그분은 외운 영어 문장들을 왜 말할 수 없는지 스스로 한심하게 생각하고 있었다.

암기 영어의 한계다. 냉정하게 말하면 이것이 본인 실력이다. 외울 때는 상황을 생각하지 않고 그냥 문장을 외운다. 하지만 실제 상황은 다르다. 내가 외운 문장과 맞는 상황이 거의 없고, 사람들이 앞에 앉아 있으니 긴장된다. 내가 외운 문장 구조에 상황에 맞는 단어를 골라 넣으려고 하니 머릿속이 엉켜버린다. 내가 해야 할 말을 생각하는 동안 상대방은 이미 다른 말을 하고 있다. 이제 듣기도 놓쳤다. 다시 물어보기도 미안하다. 대충 알아들은 척하고 넘어간다.

내가 외운 대로 상황이 착착 맞게 돌아가면 얼마나 좋을까? 하지만 그런 일은 거의 일어나지 않는다. 그렇다면, 발생할 수 있는 모든 상황을 예상하고, 문장을 전부 외우면 되지 않을까? 하지만 너무나 많은 상황과 변수가 있어서 그것도 불가능하다고 본다.

나는 지금까지 초등학생, 고등학생, 성인의 이야기를 통해 암기에 의존하는 영어는 위험하다고 이야기했다. 아이들의 웅변 영어는 의사소통으로 사용되지 못하고, 중학생들의 시험용 암기 영어는 고등학교 수능 영어까지 이어지지 못한다.

성인들이 힘들게 외운 영어 문장도 실제 상황과 동떨어져 있다. 그럼 어떻게 해야 할까? 이 책을 통해 더 좋은 학습법이 있음을 설명할 것이다.

5

아무도 말하지 않는 패턴 영어의 함정

당신은 패턴 영어에 대해 들어본 적이 있는지 모르겠다. 서점에 가면 '영어 회화 핵심 패턴 ○○가지', '기초 핵심 패턴으로 말하기', '생활 영어 회화 패턴' 등의 책들을 볼 수 있다. 우리가 사용하는 말은 대부분 정해져 있으므로 패턴을 정해놓고 외우는 방식이다. 보통 미국인이 가장 많이 사용하는 기초적인 회화 패턴, 여행 영어 패턴, 비즈니스 영어 패턴들로 구성되어 있다. 하지만 이것이 정말 영어 회화에 도움이 될까?

영어 패턴 학습을 선호하는 분들은 이렇게 말한다. 영어 패턴을 익히고 외우는 과정을 반복하면서 새로운 어휘를 습득할 수 있고, 문장 구성 능력과 영어식 사고를 키울 수 있다고. 또한 스스로 문장을 만들 때보다 오류를 범할 확률이 줄어든다고. 단어만 갈아 끼우면 회화가 바로 튀어나온다는 영어 광고 문구는 또 얼마나 귀에 솔깃한가.

예를 들면, 'I apologize for~'는 '~해서 죄송합니다. ~에 대해 사과드립니다'라는 격식 차린 영어 표현이다. 일상적으로는 'I am sorry for~'도 많이 사용한다. 초급자들은 이 패턴을 사용해 이런 문장을 외운다. 'I apologize for the late response(늦게 대답을 드려 죄송합니다).' 중급자들은 조금 더 길어진 다음 문장을 외울 것이다. 'I apologize for not calling you back the other day(지난번에 다시 전화 드리지 않은 점에 대해 사과드립니다).' 이런 식으로 정해진 패턴이 있고, 거기에 단어를 바꿔 넣어서 외우는 방식이다.

단어, 표현, 문법을 모르고 그것을 공부할 시간도 없는 사람들이 빠른 시간 안에 영어 스피킹을 하려고 선택한 것이 패턴 영어라고 나는 생각한다. 일단 암기만 하면 되기 때문이다. 주로 저렴한 인강 혹은 유튜브를 통해 접할 수 있다. 하지만 나는 생각하지 못했던 단점이 패턴 영어에 있음을 영어 학습 현장에 있으면서 알게 되었다.

여행을 좋아하는 50대 여성이 학원에 상담하러 왔다. 더 늦기 전에 영어를 배워 해외여행을 다니고 싶다고 했다. 코로나로 집에 있으면서 혼자 패턴 영어로 2년 넘게 공부했다. 주로 미국 드라마와 미국 영화를 많이 봤다고 했다.

원어민과 영어 인터뷰할 때 원어민이 그분에게 예쁜 옷을 입었다고 칭찬했다. 그러자, 바로 'You made my day'라고 대답했다. 직역하면 '네가 내 하루를 만들었어', 의역하면 '덕분에 기분 좋아졌어'라는 말이다. 그래서 나는 이분이 영어를 좀 잘한다고 생각했다.

계속 이어지는 대화에서 나는 이분이 기본적인 영어 문장도 못 만드는 수준임을 알게 되었다. '저는 여행 다니는 것을 좋아합니다. 코로나가 끝나면 유럽 여행을 가기 위해 영어를 배우고 싶습니다.' 이 문장을 말하지 못했다. 내가 완벽한 문장을 말하라고 요청하는 것이 아니다. 틀려도 되고, 틀릴 수밖에 없다. 하지만 2년 정도 공부했으면 문장의 뼈대가 어느 정도는 갖추어져야 하는데 전혀 말이 나오지 않았다. 그동안 외웠던 간단한 문장만 말할 수 있었다. 영어 문장을 만드는 방법을 배운 적이 없고, 외웠던 문장들이 이 상황에 맞는지 몰라서 말을 하지 못하는 것처럼 보였다.

이처럼 초급자에게 패턴 영어는 달콤한 유혹이다. 이미 만들어진 문장을 외우기만 하면, 원어민과 회화를 할 수 있을 것 같은 착각을 준다. 하지만 직접 부딪혀보면 현실은 다르다. 대부분의 패턴 영어는 혼자서 학습하는 방식이다. 요즘에는 AI와 말하기도 한다. 현실은 우리는 사람과 대화해야 하고, 다양한 상황들이 생긴다. 내 상황이 패턴에서 만들어놓은 상황과 일치하지 않는 경우가 더 많다.

40대 사업가가 학원에 상담하러 왔다. 원어민과 인터뷰를 했는데, 본인이 하고 싶은 말을 잘했다. 그런데 리스닝이 좀 부족한 것 같았다. 원어민이 지금 사업한 지 얼마나 되었느냐고 그분에게 물었다. 그랬더니, 나는 어디에서 누구와 산다고 답변을 하는 것이었다. 영어 인터뷰가 끝나고, 나는 그동안 어떻게 공부했는지 물었다. 그랬더니, 일상 회화에 대한 패턴 영어책을 사서 그것을 다 외웠다는 것이다. 그러다 보니 말은 하지만, 듣기가 안 되는 것이었다.

언어는 나 혼자 그냥 말하는 것이 아니다. 언어는 듣기, 쓰기, 말하기, 읽기의 4가지 영역이 다 갖추어져야 하는 종합적인 기술이다. 내가 만난 사람 중에 패턴 영어로 공부한 사람은 대부분 리스닝에 심각한 문제를 가지고 있었다. 듣기가 안 되면 겁이 나서 대화가 안 된다. 차라리 말은 서툴러도 듣기를 잘하는 것이 낫다. 상대방의 말을 알아들으면 어떻게든 의사 전달은 한다. 하지만 들리지 않는다면 어떻게 해볼 도리가 없다.

30대 직장인이 학원에 상담하러 왔다. 원어민 선생님과 영어 인터뷰를 했는데, 발음이 좋고 스피킹도 잘했다. 원어민과 프리토킹이 가능한 수준이었다. 그런데 옆에서 듣다 보니 한 가지 이상한 점이 있었다. 문장의 패턴이 너무 단조로웠다. 5개 정도의 문장 패턴을 돌려가면서 말하고 있었고, 말이 연결되는 부분의 '끊어 말하기'가 어색했다.

보통 영어를 잘하는 사람도 이런 부분은 눈치채기 어렵다. 나는 많은 학생들의 영어를 들어봤고, 내가 직접 대화를 하지 않고 옆에서 지켜보기 때문에 안다. 그래서 인터뷰가 끝나고, 내가 느꼈던 부분을 이야기했다.

그랬더니, 이분은 오픽(OPIc) 최고 등급 AL(Advanced Low)을 가지고 있었다. 오픽은 컴퓨터로 시험을 보는 영어 회화 능력 평가다. 대화 능력과 발음, 어휘, 문법 사용 등을 종합적으로 평가하는 영어 말하기 시험이다. 스피킹이 중요시되면서 요즘은 토익보다 오픽 점수가 더 필요한 추세다.

보통 기업체에서는 중급(IL, IM1) 정도를 요구한다. AL이면 아주 잘하는 수준이다. 이분은 오픽의 모든 질문과 문장을 통째로 외웠다. 하루에 몇 시간씩 두 달 동안 외웠다고 했다. 그런데 시간이 지나면서 불안해지기 시작했다고 한다. '외운 것을 잊어버리면 어떡하나?' 하는 두려움에 잠을 설쳤다고 했다. '패턴에서 벗어난 말을 해야 하는 상황이 생기면 어쩌나?' 하는 걱정도 생겼다. 오픽 AL 정도면 어떤 상황이라도 하고 싶은 말은 패턴에 넣어서 할 수 있음에도 말이다.

이분은 좀 더 다양한 문장을 배우고 싶고, 외우지 않고 영어를 편하게 말하고 싶어서 학원을 찾아온 것이었다. 언어는 사용하지 않거나, 다른 언어를 배우거나, 나이가 들면 점점 잊어버린다. 외운 영어 역시 시간이 지날수록 힘을 잃는다. 패턴 영어도 그중의 하나다.

나는 패턴 영어를 '다리 위의 블랙 아이스'에 비유하고 싶다. 블랙 아이스는 기온이 갑작스럽게 내려갈 경우, 도로 위에 녹았던 눈이 얇은 빙판으로 얼어붙는 현상을 말한다. 얼음이 워낙 얇고 투명해 눈으로 봤을 때 검은 아스팔트 색이 그대로 비쳐 보인다. 그래서 '검은색 얼음'이라는 뜻으로 '블랙 아이스'라는 이름이 붙여졌다. 운전자는 이것을 쉽게 식별하지 못하므로, 겨울에 교통사고가 빈번히 발생한다. 특히 다리 위의 블랙 아이스는 더 위험하다. 왜냐하면, 지열이 있는 일반 도로와 지열이 없는 다리 위의 도로는 온도가 다르기 때문이다.

패턴 영어는 밑에서 단단히 잡아주는 지열 같은 단어와 문법이 없다. 초급자는 단조로운 패턴을, 고급자는 좀 더 복잡한 패턴을 말할 뿐이다. 이런 영어는 운전자가 블랙 아이스를 쉽게 식별하지 못하듯, 다른 사람들이 얼핏 들어보면 영어를 잘하는 것처럼 보인다. 하지만 정작 필요한 순간에 상황에 맞는 영어 표현을 하지 못하게 만든다. 듣기도 안 된다. 자신감을 가지고 내가 하고 싶은 말을 길게 붙여서 말할 수 없다. 자신이 외우고 학습한 문장만 가능한 것이다. 다리 위의 블랙 아이스처럼 패턴 영어는 중요한 순간에 위험할 수 있다고 말한다면, 내가 너무 과장한 것일까.

패턴 영어가 무조건 나쁘다는 것이 아니다. 언어 학습에서 외워야 하는 암기 영역도 일정 부분 있다. 나 역시 인정한다. 처음에 패턴 영어로 시작해서 영어를 잘하게 된 사람도 있을 것이다. 실생활에서 바로 사용할 수 있는 좋은 예문과 현실감 있는 표현들은 중급자 이상의 학습자에게 분명 도움이 될 수 있다.

그럼에도 불구하고, 패턴 영어가 기본적인 회화 능력이나 응용 능력은 키워주지 못함을 알아야 한다. 수많은 동영상 강의가 있고, 많은 사람이 그런 식으로 공부한다고 해서 그게 정답은 아니다. 기본적인 어휘와 문법을 습득하고, 많이 듣고 많이 말하는 것이 언어 공부의 핵심이다.

6

성공하는 영어 공부법은 따로 있다

톨스토이(Leo Tolstoy)의 《안나 카레리나(Anna Karenina)》에 나오는 첫 문장으로, '모든 행복한 가정은 서로 비슷하나, 모든 불행한 가정은 저마다의 이유로 불행하다'라는 말이 있다. 이를 영어로 빗대면, 영어를 못하는 사람은 거의 다 비슷하다. 공부를 안 했기 때문이다. 다른 이유가 없다. 그냥 공부를 안 한 것이다. 중간에 포기한 것도 결국 공부를 안 했다고 말할 수 있다. 영어를 잘하는 사람들은 저마다의 방법이 있다. 말할 필요도 없이 많은 시간과 노력을 들였을 것이고, 그러는 과정에서 본인만이 깨닫게 된 영어 공부 방법이 있을 것이다.

이제부터 나의 영어 공부에 대해서 말해보겠다. 나는 고등학교 때까지 영어를 제대로 배운 적이 없다. 내가 어릴 때는 중학교부터 영어 수업을 시작했다. 나는 인문계가 아닌 여상에 갈 예정이었으므로, 중학교에서 별로 영어를 공부하지 않았다. 여상에 진학해 주산, 부기, 타자 등 자격증을 따기 위한 공부를 했다. 고등학교를 졸업하고 대기업에서 직장 생활을 시작했다. 그러다가 공부가 하고 싶어 회사를 그만두고 일본으로 유학을 갔다.

일본에서 다닌 전문 학교에서 교양 과목으로 영어 수업을 들었다. 전 세계에서 한국보다 영어를 못하는 나라가 있다면 아마 일본일 것이다. 그런 일본에서 나는 영어를 배웠다. 일본식 영어 발음에 익숙해지는 데 한참이 걸렸다. 영어를 왜 저렇게 발음할까 싶었다. 한국어로 설명해도 어려운 영어 문법을 일본어로 들으며, 법을 공부해도 이렇게 어렵지 않겠다고 생각했다. 강의하는 교수 외에 다른 학생들도 이해하지 못하는 것처럼 보였다. 그 당시 일본에서 영어 잘하는 사람은 한국보다 드물었다. 일본에서 학교를 졸업하고, 한국에 와서 몇 년 동안 일본어 통역하는 일을 했다.

나는 영어를 일본어만큼 잘하고 싶었다. 일본어를 비교적 쉽게 배운 편이라 영어도 마음만 먹으면 금방 잘할 수 있을 것 같았다. 한국인에게 일본어는 영어보다 쉽다. 일단 어순이 거의 동일하고, 조사의 사용법이나 발음도 비슷하다. 영어도 그럴 줄 알았다. 하지만 영어는 한국어, 일본어와는 완전 다른 차원의 언어였다.

어리석게도, 해외 연수만 다녀오면 영어를 잘할 수 있을 줄 알았다. 내가 일본에 있을 때 친구 중 1명이 영어 공부를 하고 있었다. 그 친구는 캐나다와 필리핀을 오가면서 약 3년을 영어 공부에 매진하고 있었고, 거의 원어민 같은 영어를 구사하고 있었다. 나도 그렇게 되기로 결심했다. 나는 어학은 무조건 현지에 가서 공부해야 한다고 생각했다. 캐나다에서 1년 정도 연수할 돈이 모였을 때 나는 다니던 회사를 그만두었다.

캐나다에 가기 전에 기초는 알고 가야 할 것 같아서 영어 학원 문을 두드렸다. 그 당시 부산에 유명한 대형 어학원이 두 곳 있었다. 처음에 갔던 곳은 낮시간이라 그런지 사람이 많지 않았다. 나는 영어 초급반에 들어갔는데, 영어는 스피킹보다 리스닝이 중요하다고 말하면서 CNN을 틀어주며 받아 적으라고 했다.

나는 몇 번을 들어봐도 무슨 말인지 알 수 없었다. 그런 다음 우리가 들었던 CNN에 대해 토의해보자고 했다. 영어를 잘하는 학생과 강사가 주로 이야기했고, 다른 학생들은 듣고만 있었다. 나 자신이 한심했고, 너무 부끄러웠다. 그날 이후로 그 학원을 그만두었다. 지금의 나라면 다른 반으로 바꾸어달라고 하거나 환불해달라고 말했을 것이다. 하지만 당시는 모든 것이 영어를 못하는 내 잘못인 것 같아서 학원에 아무 말도 할 수 없었다.

그러고 나서 다른 학원에 갔다. 이번에는 저녁 시간에 갔는데, 12명 정도였던 것 같다. 앞에 강사가 있었고, 2명씩 자리에 앉았다. 한국인 강사가 예문을 설명하고 녹음을 들려주었다. 강사는 우리에게 옆자리에 앉아 있는 사람과 롤플레이(Role-play)를 하라고 했다. 처음 보는 사람들과 안 되는 영어 발음으로 예문을 번갈아가며 읽었다. 얼마나 어색하고 민망했는지 모른다. 이것이 공부가 되는 것인지, 안되는 것인지 알 수 없었지만 두 달을 더 다녔다. 20년 전의 일이므로 지금은 이렇게 수업하는 학원은 아마 없을 것이다. 이 경험들은 나중에 내가 영어 학원을 운영하는 데 큰 도움이 되었다.

그 후, 캐나다에서 홈스테이를 하며 영어 학교에 6개월 다녔다. 나는 캐나다나 미국 어학 연수가 실패하는 이유를 안다. 내가 그랬기 때문이다. 유학원에서는 학교에서 100% 영어로 수업하고, 현지인 가정에서 현지인들과 같이 생활하므로 영어를 빨리 습득할 수 있다고 말한다. 내 경험으로 보면 캐나다와 미국 어학 연수는 초급자에게 안 맞는다. 캐나다와 미국은 강사 인건비가 비싸다. 그러다 보니, 대부분 10~12명 정도가 한 반에서 수업을 한다. 주로 한국과 일본에서 온 학생들이고, 나머지 2~3명이 유럽에서 온 학생들이다.

수업이 끝나면 같은 국적의 학생들끼리 어울려 다닌다. 캐나다 현지인 가정에서 생활하지만, 학생들은 거의 학교나 외부에서 시간을 보낸다. 저녁 식사 시간이 홈스테이 가족과 이야기할 수 있는 시간인데, 영어를 잘하지 않으면 그들과 말하기 쉽지 않다. 아무리 홈스테이라고 해도 남의 말을 인내심을 가지고 들어주기는 쉽지 않다.

홈스테이 가족과 같이 외식과 여행을 하기도 했지만, 그것은 드문 일이었다. 자기 가족처럼 생각하고 보살펴주는 홈스테이 가정을 만나기도 어렵지만, 학생들의 영어 실력까지 염려해주는 홈스테이 가정은 더욱 없다. 보통 홈스테이 가정은 1명이 아닌 3~4명의 학생들을 데리고 있기도 하다.

캐나다에서 6개월간 지냈지만, 나의 영어는 거의 제자리였다. 더 오래 있을수록 시간 낭비, 돈 낭비라는 생각이 들었다. 나는 주로 한국인들과 어울려 다녔고, 어디 여행이라도 다녀오면 금방 한 달이 지나 있었다. 결국, 나는 6개월 만에 빈손으로 한국에 돌아왔다. 그 후 아무 일도 없었다는 듯이 일본어를 사용하는 외국계 회사에 취직했다.

하지만 나는 영어에 대한 미련을 버릴 수가 없었다. 나에게 영어는 이번 생에 끝내야 하는 그 무엇이었다. 마흔이 넘어 다시 영어 공부를 시작했다. 혼자서 공부하다가 기회가 되었을 때 회사를 그만두고 필리핀에 갔다. 필리핀은 영어 강사 인건비가 싸다. 추가 비용을 조금 지급하면 일대일 영어 수업이 가능하다. 캐나다에 있을 때보다 말할 기회가 훨씬 많았다. 잘 교육받은 필리핀 영어 선생들은 나의 부족한 영어를 인내심을 가지고 들어주었다. 그러는 동안 영어 실력이 좀 늘기도 했고, 실력이 늘면서 자신감도 생겼다. 나는 초보나 초급자에게는 캐나다보다 필리핀 어학 연수가 훨씬 효과적이라고 생각한다.

필리핀 연수를 마치고 한국에 돌아와 영어 공부를 계속했다. 도서관에서 온종일 눈이 빠질 만큼 책을 봤던 기억이 난다. 영어 문법책을 포함해 약 150권의 영어책을 읽는 데 6개월이 걸렸다. 영어책을 읽으면서 우리에게 맞는 영어 공부법이 따로 있다는 것을 알게 되었다. 나는 내가 알고 이해하게 된 것을 가르쳐주고 싶어 안달이 났다. 이것이 덜컥 영어 학원을 연 이유다. 감사하게도, 학생들은 내가 말하는 내용을 잘 따라와주었고, 시간이 지나면서 유창한 영어를 구사했다. 사실 이것은 기적이다. 기초가 있는 학생은 6개월, 기초가 없는 학생도 1년 6개월이면 원어민과 자연스러운 대화가 가능했다. 자신이 하고 싶은 말을 길게 붙여서 말할 줄 알게 되었다. 그런 학생들이 점점 늘어나면서 나는 이 책을 쓰기로 마음먹었다.

내가 아는 성공하는 영어 공부법은 딱 한 가지다. 영어 문장을 길게 만들 줄 아는 것이다. 우리는 지금까지 누군가가 만들어준 영어 문장을 그냥 외워왔다. 영어가 기준이었다. 하지만 우리가 영어를 배울 때는 한국어가 기준이 되어야 한다.

한국어를 영어로 바꿀 줄 알아야 한다. 영어 문장은 붙이면서 만들어 가는 것이다. 한국어는 주어와 동사가 맨 끝에 있고, 가운데에 모든 정보를 넣는다. 가운데가 뚱뚱해지는 허리 언어다. 반면 영어는 주어와 동사를 말하고 붙여가는 꼬리 언어다. 붙여가는 방법을 문법책에서 20가지가 넘는 항목으로 나열해놓았다. 공부하다 보면 중간에서 길을 잃고 만다. 도저히 알 수가 없다. 나는 이 영어를 길게 붙여서 말하는 방법을 3가지로 요약해서 쉽게 가르쳐줄 것이다.

당신이 당신에게 맞는 영어 공부법을 찾았고, 성공했다면 축하한다. 그러나 나처럼 영어가 너무 어렵고, 늦은 나이에 영어를 배워야 하고, 상업계 출신이고, 어디서부터 손을 대야 할지 모르겠다면, 나의 영어 학습법이 당신에게 분명 도움이 될 것이다.

문장 외우기는 그만!
전치사만 알아도 충분하다

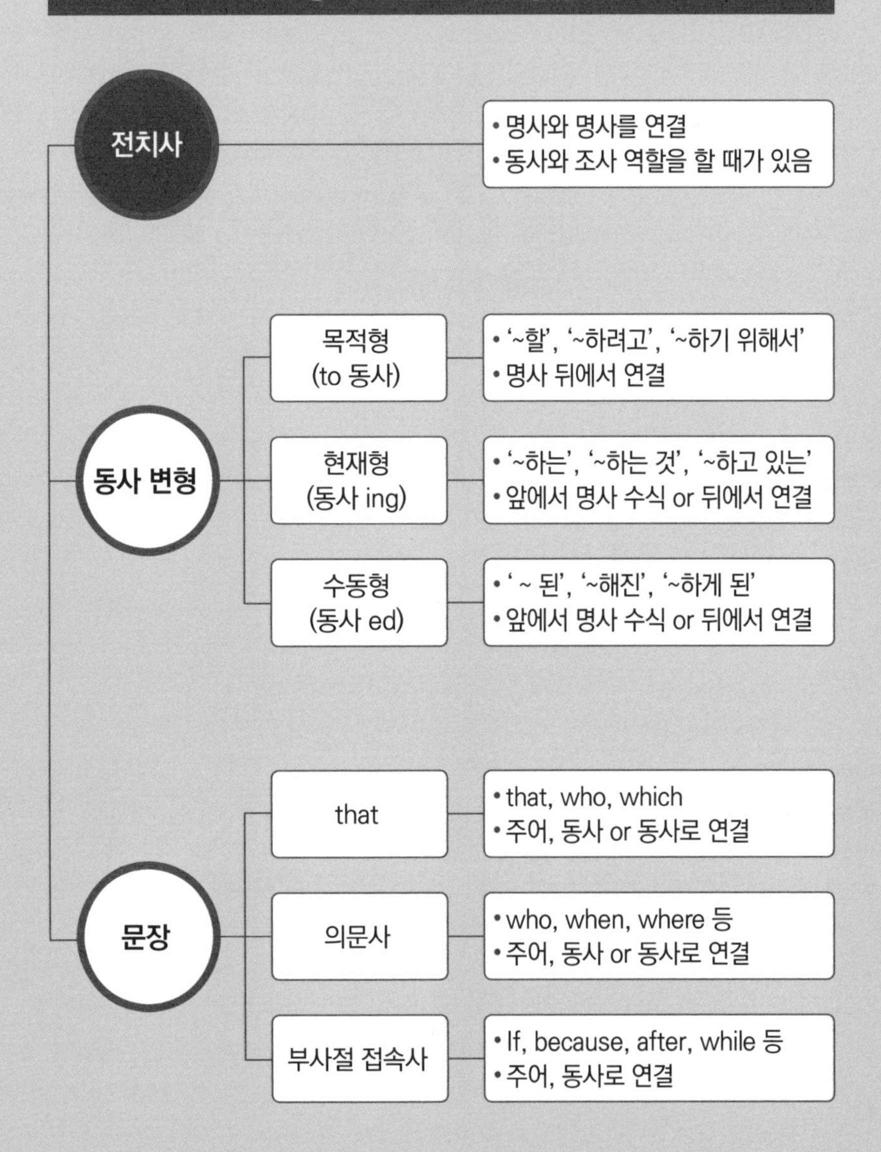
영어 연결 3가지 방법
전치사
•명사와 명사를 연결
•동사와 조사 역할을 할 때가 있음
동사 변형
목적형
(to 동사)
•'~할', '~하려고', '~하기 위해서'
•명사 뒤에서 연결
현재형
(동사 ing)
•'~하는', '~하는 것', '~하고 있는'
•앞에서 명사 수식 or 뒤에서 연결
수동형
(동사 ed)
•' ~ 된', '~해진', '~하게 된'
•앞에서 명사 수식 or 뒤에서 연결
문장
that
•that, who, which
•주어, 동사 or 동사로 연결
의문사
•who, when, where 등
•주어, 동사 or 동사로 연결
부사절 접속사
•If, because, after, while 등
•주어, 동사로 연결

1

명사는 영어의 꽃이다

나는 일본어를 공부했다. 일본어를 배울 때는 한국어와 큰 차이가 없어서 쉽게 배웠다. 하지만 영어는 한국어, 일본어와 너무 달랐다. 내가 영어 공부를 시작하기 전에 영어와 한국어의 차이를 알고 있었다면, 영어 공부가 조금이라도 더 쉽지 않았을까 생각해본다. 돌이켜 보면, 영어 단어와 문장 외우기에 급급해서 큰 그림을 보지 못했다.

나는 이 장에서 영어와 한국어의 3가지 차이점을 말하려고 한다. 영어는 명사 중심, 주어 중시, 꼬리 언어라는 점이다.

첫째, 영어는 명사 중심이다. 반면에 한국어는 동사 중심이다. 우리는 '생일 축하합니다'라고 말한다. 한국어는 '축하하다'라는 동사를 사용해서 표현한다. 영어는 'happy birthday to you'라고 말하는데, 이 문장에는 동사가 없다. 'happy birthday', 즉 '행복한 생일'이라는 명사를 중심으로 표현한다. 한국어는 '새해 복 많이 받으세요'라고 말한다. '받다'라는 동사가 없다면 너무 이상할 것이다. 영어는 'happy new year' 즉 '행복한 새해'라고 한다. 어디에도 동사가 없다. 영어는 명사 중심이라 형용사와 명사 위주로 말한다. 형용사는 명사를 꾸며야 하니까 자주 같이 사용한다.

혹시 '명사'라는 말을 모를 수도 있으니 짚고 넘어가자. 명사는 쉽게 말하면 '딱딱 떨어지는 말'이다. '사랑', '전쟁', '집', '친구' 이런 단어들이다. 고유 명사, 보통 명사, 추상 명사 등으로 구분하기도 하는데, 큰 의미는 없다. 그럼 동사는 무엇일까? 동사는 행동이 있는, 끝이 '~다'로 끝나는 말이다. '먹다', '자다', '일하다' 이런 단어들이 동사들이다. 끝이 '~다'로 끝나더라도 행동이 없다면 동사가 아니다. 예를 들어, '아름답다'는 끝이 '다'로 끝나지만, 동사가 아닌 형용사다. 왜냐하면, 행동이나 동작이 아닌 상태를 표현하는 말이기 때문이다.

우리말은 품사가 정해져 있다. 하나의 품사를 다른 품사로 사용하지 않는다. 하지만 영어는 품사가 정해져 있지 않고, 하나의 단어가 여러 가지 품사로 사용된다. 예를 들어, 국어사전에서 '물'을 찾아보자. 명사 외에 다른 품사는 없다. 하지만 영어사전에서 'water'를 찾아보자. 품사가 명사와 동사라고 나온다. 하나의 단어가 명사와 동사라는 품사로 사용되는 것이다. 그렇다면, 문장에서 그 단어가 어떤 품사로 쓰였는지 어떻게 알 수 있을까? 영어는 품사 자리가 있다. 형용사 자리에 쓰면 형용사, 부사 자리에 쓰면 부사, 동사 자리에 쓰면 동사가 된다. **영어 단어는 사용하는 위치와 쓰임에 따라 품사가 달라진다는 것을 염두에 둬야 한다.**

영어는 명사 중심의 언어다. 이 개념을 이해하는 것은 아주 중요하다. 영어를 길게 말하는 첫 번째 방법은 전치사를 사용해 명사와 명사를 연결하는 것이기 때문이다. 명사가 무엇인지 모른다면 말을 길게 연결할 수 없다. 영어는 명사 중심의 언어라서 원어민들은 명사 위주로 말하기를 좋아한다.

'나는 오늘 바빴어'를 영어로 어떻게 말할까? 'I was busy today'다. 맞다. 그러나 이렇게 말하기도 한다. 'I was in a hurry today.' 내가 오늘 바쁨 안에 있었다고? hurry를 명사로 사용하다 보니 이런 표현이 나오는 것이다. 우리는 잘 이해되지 않지만, 원어민들은 이런 식의 표현을 많이 사용한다.

'나는 어제 친구와 싸웠다'는 어떻게 말할까? '싸우다'라는 동사 fight의 과거형은 fought이다. 'I fought with my friend yesterday' 라고 해도 괜찮다. 그러나 'I had a fight with my friend yesterday' 라는 표현도 자주 듣는다. fight를 명사로 사용했다. 사전에 찾아보면

fight는 명사, 동사로 사용됨을 알 수 있다.

하나 더 해보자. '오늘 저녁에 친구와 한잔하려고'는 어떻게 말하면 좋을까? 'I will drink with my friend this evening'이라고 해도 좋지만, 이런 표현도 선호한다. 'I will have a drink with my friend this evening.' 여기서 drink에 a를 붙여서 명사로 사용했다. 이처럼 우리가 흔히 동사로 알고 있는 단어를 명사로 사용한다는 것을 이해하고 넘어가자.

우리말로는 동사로 표현할 상황도 영어는 명사 중심이므로 영어에서는 전치사가 붙어 있는 명사구로 표현할 때가 많다. 또한, 영어로는 명사구라 하더라도 우리말로는 동사로 해석하는 것이 자연스러운 경우도 있다. 이처럼, 영어와 한국어의 가장 큰 차이는 영어는 명사 중심, 한국어는 동사 중심이라고 말할 수 있다.

둘째, 영어는 주어를 중시한다. 반면에, 한국어는 주어를 잘 사용하지 않는다. 서양과 동양의 문화적인 차이로 설명할 수도 있을 것이다. 서양은 소유 문화라서 내 것과 네 것을 확실히 구분한다. 그러니 주어를 말하지 않으면, 누구 것인지 몰라서 애매하게 되는 것이다.

한국 사람들은 그렇지 않다. 요즘 한국의 젊은 세대들은 어떤지 모르겠지만, 내 세대는 내 것과 네 것을 따지면 왠지 마음이 불편하다. 그래서 서양에는 없는 '우리 엄마'라는 말이 있는 것인지도 모른다. 우리는 말할 때 굳이 나를 내세우지 않는다. 신기한 것은, 주어를 말하지 않아도 듣는 사람들은 다 안다. 우리는 전 세계에서 가장 눈치 빠른 민족 아닌가. 하지만 영어는 주어가 없으면 어색하고, 의미가 명확하지 않다.

영어 문장 형식은 1형식부터 5형식까지 있다. 5형식이 전부 주어로 시작한다는 사실은 주어가 중요함을 한 번 더 강조해준다. 영어는 주어가 없으면 말을 시작할 수 없는 것이다. 그러니 주어가 중요할 수밖에. 게다가 영어는 사람뿐만이 아니고 사물도 주어로 사용한다. 'Drinking coffee makes me happy'라는 말을 보면, '커피를 마시는 것'이 주어다. '커피를 마시는 것은 나를 행복하게 만든다'라는 말이다. 우리는 이렇게 말하지 않는다. '나는 커피를 마시면 행복하다'라고 말한다. 심지어, 한국어는 주어 없이 '커피 마시면 행복해'라고 말한다.

마지막으로, 영어는 붙여가면서 말하는 꼬리 언어다. 영어는 주어와 동사를 말하고 나서 내가 말하고자 하는 정보를 하나씩 붙여가면서 말한다. 그러므로 영어 문장을 만들 때 붙여가는 방법을 배워야 한다. 한국어는 모든 정보를 주어와 동사 사이에 넣는다. 동사가 문장 맨 마지막에 오는 것이다. 주어와 동사 가운데에 넣은 정보는 순서가 바뀌어도 크게 상관없지만, 일단 동사를 말하고 나면 더는 말을 붙일 수 없다.

'나는 내일 서울역에서 친구를 만난다'라는 우리말을 보면, 주어와 동사 사이에 모든 정보가 들어 있다. '내일', '서울역에서', '친구를'이 들어가 있는데, 이 말들이 순서를 바꾸어도 이해하는 데 별로 어려움이 없다. 우리말은 조사가 의미를 잡아주기 때문이다.

하지만 영어는 'I will meet my friend at Seoul station tomorrow'라고 한다. 주어와 동사를 말하고 뒤에 친구, 서울역, 내일을 순서대로 붙여가면서 말한 것이다. '친구'와 '서울역'이 바뀌면 이상하다. '내일'이 동사 뒤에 바로 올 일은 더욱 없다. 영어는 조사가 없으므로 어순이 문법이다. 즉, 영어는 말의 순서가 문법이다.

이 외에도 한국어와 영어의 차이점은 더 있다. 영어는 관사가 있고, 한국어는 관사가 없다. 영어는 조사가 없고, 한국어는 조사가 있다. 영어는 뒤에서 수식하는 후치 수식, 한국어는 명사 앞에서 수식하는 전치 수식이다.

이러한 차이 중에 가장 큰 것은 영어는 명사 중심이라는 사실이다. 영어는 명사와 명사를 늘어놓고, 전치사나 동사로 연결한다. 그러므로 이 개념을 이해하는 것이 매우 중요한 것이다. 영어에서 명사가 중요하기 때문에 한눈에 명사인 줄 알 수 있도록 표시해놓았다. 다음 장을 통해 그것이 무엇인지 살펴보자.

2

한눈에 확 들어오는 명사 찾는 법

대통령이 혼자 다니면 좀 놀랍지 않을까? 대통령은 항상 보좌관이나 경호원을 데리고 다닌다. 영어에서 명사는 너무 중요해 혼자 다니지 않고, 대통령처럼 누군가를 데리고 다닌다. 명사 앞에 항상 무엇인가가 있다. 바로 a(an), the, some, 소유격이다. 앞에 이것들이 있으면 딱 봐도 명사인 것을 알아야 한다.

a(an)와 the 같은 것이 무엇이냐고 물어보는 학생들이 많다. 학원을 몇 주 다닌 학생이 급하게 인도로 출장을 갔는데, 인도에서 카카오톡 메시지가 왔다. 도대체 a(an), the 같은 것은 왜 사용하냐고, 어디에 붙여야 하냐고 물어봤다. 그 학생은 이것 때문에 영어로 말이 안 나온다고 했다.

먼저 a는 '하나'를 말한다. 그런데 정해져 있지 않은 '하나'다. 이것은 '하나'니까 단수로만 사용한다. 그럼 an은 무엇일까? an도 하나다. an 뒤의 단어가 모음으로 시작할 때 an을 사용한다. 왜냐하면, a보다 an이 발음하기 편하기 때문이다.

영어에서 알파벳은 총 26개인데, 그중에서 5개가 모음이다. a, e, i, o, u가 모음이다. 모음으로 시작하는 단어가 단수일 때, 그 단어 앞에 a가 아닌 an을 사용한다. 이것은 **철자가 아닌 발음 기준이다**. honest는 발음이 '어니스트[ɑːnɪst]'다. '허니스트'가 아니다. 그러므로, honest 앞에 관사는 a가 아닌 an이 붙는다. hour도 a hour이 아니라, an hour이다. a와 an을 문법 용어로 '부정관사'라고 부른다. 정해져 있지 않다는 뜻이다.

그럼, the는 무엇일까? 기본적인 의미는, '그'라는 뜻이다. '그'라는 것은 너와 내가 이미 알고 있는 것을 말한다. 또한, 최상급이나 세상에 하나밖에 없는 명사 앞에도 the를 사용한다. the 뒤에는 단수나 복수 명사가 둘 다 올 수 있다. the는 '정관사'라고 부른다. 너와 내가 이미 알고 있는 정해진 것이라는 뜻이다.

다음 예문을 보자.

'I want to give myself a piano. I want to play the piano'라는 문장이다.

'나는 나에게 피아노를 선물하고 싶다. 나는 그 피아노를 연주하고 싶다'라는 뜻이다. 처음 피아노 앞에는 a가 붙어서 정해지지 않은 피아노를 말한다. 그냥 피아노인 것이다. 그 피아노를 나에게 선물해서 내가 '그 피아노'를 친다면 그 피아노, 즉 the piano가 된다.

우리말은 관사(a, an, the)가 없다. 그러므로, 영작할 때 이것을 놓치는 경우가 많다. 관사를 붙여야 할지 말아야 할지 잘 모르겠다면, 나는 그냥 다 붙이라고 이야기한다. 영어에서 관사가 없는 것보다 있는 경우가 더 많기 때문이다. 이 관사들이 뒤에 있는 명사와 같이 발음되면 듣기가 상당히 어렵다. 내가 아는 단어는 애플(apple)인데, 언 애플(an apple)로 말하니 안 들리는 것이다. 항상 관사를 의식하고 들어야 리스닝 실력도 좋아진다.

그럼, some은 왜 붙는 것일까? some은 명사 앞에 붙어서 '조금의', '일부의'라는 뜻이 있다. 결국은 뒤의 단어가 명사임을 알려주는 하나의 장치라고 생각하자. some people, some money 등의 말을 들어봤을 것이다.

마지막으로 소유격이다. 소유격도 명사 앞에 온다.

My friend나 his car처럼 명사 앞에서 그 명사가 누구의 소유인지 나타낸다.

구분	I	You	He	She	We	They	It
소유격	My	Your	His	Her	Our	Their	Its
의미	나의	너의	그의	그녀의	우리의	그들의	그것의

꼭 기억하자. **영어에서 명사 앞에는 a(an), the, some, 소유격이 온다는 것을.**

명사 수식으로 인해 형용사 같은 수식어를 명사 앞에 둘 때 관사는 수식어 앞에 붙인다. '학생'은 'a student'인데, '똑똑한 학생'은 'a smart student'가 된다. 관사가 앞으로 갈지언정 절대 없어지지 않는다.

또한, a(an), the, some, 소유격, 이 4가지를 같이 중복해서 사용하지 않는다. 'a friend'나 'my friend'로 사용하고, 'a my student'처럼 사용하지 않는다.

다음의 예문에서 명사를 찾아보자.

문제

1. A boy and a girl make a poster on the floor.
   한 소년과 소녀가 바닥에서 포스터를 만든다.

2. The museum has a long history.
   박물관은 긴 역사를 가지고 있다.

3. Let's thank the farmers for their hard work.
   농부들의 노고에 감사하자.

4. The dog wears a red scarf.
   개는 빨간 목도리를 두르고 있다.

> 5. The first thing on my bucket list is to run a bookstore.
> 나의 버킷 리스트의 첫 번째는 서점을 운영하는 것이다.

정답

1. boy, girl, poster, floor
2. museum, history
3. farmers, work
4. dog, scarf
5. thing, bucket list, bookstore

해설

1. the floor 앞에 on이 있다. 전치사는 명사 앞에 위치하니까 the floor가 명사임을 알 수 있다고 생각할 수도 있다. 전치사는 명사 앞에 오는 것은 맞지만, 나는 이 책에서 전치사를 명사와 명사를 이어주는 연결 도구로 사용할 것이다.
2. history 앞에 있는 long은 형용사다. 형용사는 명사의 상태와 성질을 설명해주는 말로 끝이 'ㄴ'으로 끝난다.
3. their를 보면 work가 명사임을 알 수 있다. 중간에 들어간 hard는 work를 꾸며주는 형용사다.
4. The dog을 굳이 '그 개'라고 해석하지 않아도 된다. 그냥 명사 앞에 the를 붙였다고 생각하자.
5. the, my, a를 보면 명사가 무엇인지 알 수 있다.

영어는 명사 중심의 언어다. 명사가 아주 중요하므로 명사 앞에 a(an), the, some, 소유격이 있다. 이것으로 명사를 한눈에 알아볼 수 있게 해놓았음을 기억하자.

3

그래도 아리송한 명사는 이렇게 찾아라

당신은 어릴 때 판화를 해본 적 있는가? 나는 영어 문장에서 명사를 보면 볼록 판화가 생각난다. 고무나 나무판에 그림을 그리고 그것을 파낸 다음, 볼록한 부분에 잉크를 묻혀서 찍는 것이 볼록 판화다. 도장처럼 볼록한 부분만 그림으로 나타나는 것이다. 영어 문장에서 명사는 마치 볼록 판화의 볼록한 부분 같다. 나에게는 명사가 볼록한 부분처럼 도드라져 보이기 때문이다.

명사를 한눈에 찾는 법은 앞에서 설명했다. 하지만 명사를 중심으로 복잡한 수식과 서술이 많이 일어나므로 명사 앞의 a(an), the, some, 소유격만으로는 아리송할 때가 있다. 그럴 때 명사를 찾는 다른 방법이 있다.

다음 문장에서 명사를 찾아보자. 단, 대명사는 명사에서 제외하기로 한다.

One day, you shop for shoes on the internet. The next day, you may see many ads for shoes on your favorite websites.

내가 찾은 명사는 아래와 같다.

One day, you shop for shoes on the internet. The next day, you may see many ads for shoes on your favorite websites.

해석은 다음과 같다.

어느 날, 당신은 인터넷에서 신발을 산다. 다음 날, 당신은 당신이 좋아하는 웹사이트에서 많은 신발 광고를 보게 될 것이다.

명사를 쉽게 찾는 몇 가지 방법을 설명하려고 한다.

첫째, 영어 어순을 본다. 영어 문장 형식이 1형식부터 5형식까지 있는데, 가장 많이 사용하는 형식이 3형식이다. 영어 3형식은 주어, 동사, 목적어 형식이며, '누가, 한다, 무엇을'이라고 생각하면 쉽다. 목적어 자리에 명사가 들어갈 때가 많다. 여기서 동사는 서술어라는 표현이 정확하지만, 우리가 동사라는 말에 더 익숙하므로 이 책에서는 서술어를 동사라는 말로 사용할 것이다.

앞의 첫 문장에 있는 shop은 '가게', '상점'이라는 명사로 사용할 수 있고, '쇼핑하다'라는 동사로 사용할 수도 있다. 영어는 어순, 즉 말의 순서가 문법이다. 두 번째 자리에 있으므로 동사로 사용했음을 알 수 있다. 만약 shop이 목적어 자리에 있었다면 '쇼핑'이라는 명사로 사용했을 것이다.

둘째, 복수 명사에 s가 붙는다. 반면에, 주어가 3인칭 단수일 때 동사에 s가 붙는다. 이 2가지를 구분하면 명사를 찾을 수 있다. 앞의 예문에서는 shoes, ads, websites를 복수 명사로 사용했다. 재미있게도, 주어가 3인칭 단수일 때 동사에 s나 es를 붙인다.

영어에서 왜 복수 명사와 주어가 3인칭 단수일 때 동사에 s나 es를 붙이는 것일까? 내 생각은 이렇다. 영어에서 's'는 '스'하고 소리가 난다. '스'는 소리가 새는 발음이다. 소리가 샌다는 것은 정확하지 않다는 뜻이다. 명사에 붙는 's'는 복수, 즉 여러 개지만 몇 개인지 모른다는 의미 같다. 서양인들에게는 한 개인지, 여러 개인지가 중요하고, 여러 개일 때는 몇 개인지 모른다는 의미로 발음을 '스'로 흐리는 것 같다.

또한, 주어가 3인칭 단수일 때 동사에 's'가 붙는다. 영어에서 1인칭은 나, 2인칭은 너, 3인칭은 단수와 복수로 나뉜다. 3인칭 단수는 '그', '그녀', '그것'이다. 주어가 3인칭 단수일 때 동사에 's'가 붙는다는 것은, 말하는 사람이 봤을 때 어떤 사실을 잘 모른다는 느낌을 전달한다. 즉, 정확하지 않다는 것이다.

나와 네가 한 것은 확실히 알겠는데, 그 혹은 그녀가 혼자서 한 것은 잘 모른다는 것을 암시하기 위해 새는 's' 발음을 붙인 것은 아닐까? 3인칭 복수 주어인 they, we에는 동사에 's'가 붙지 않는다. 단체가 한 행동은 모두가 알고 있으니까 정확하다고 보는 것이다.

명사에 붙는 's'든, 동사에 붙는 's'든 새는 발음이기 때문에 정확하지 않다는 느낌을 준다. 이 's' 발음은 매우 중요하기 때문에 절대 생략하지 않는다. 발음이 '즈'로 바뀌는 한이 있어도 꼭 발음한다. 이것이 영어에서 명사와 동사에 붙는 's'에 대한 내 생각이다.

다시 돌아가자. 우리는 명사 찾는 방법을 이야기하고 있었다.

셋째, 전치사가 명사 앞에 있는지 확인한다. 전치사 뒤에는 명사가 오기 때문이다. for shoes를 보면 for가 전치사, shoes가 명사임을 알 수 있다.

마지막으로, 명사형 어미로 알 수 있다. 접미사라고도 하는데, 영어 단어 끝에 'tion', 'ment', 'ness', 'th' 등이 붙어서 명사를 만든다. 20

개가 넘는 접미사가 있지만, 많이 사용하는 것은 10개 정도다.

다음 예문에서 접미사를 기억하면서 명사를 찾아보자.

Many tourists think this is thanks to its strict regulations in Japan.

내가 찾은 명사는 아래와 같다.

Many tourists think this is thanks to its strict regulations in Japan.
많은 관광객들은 이것은 일본의 엄격한 규제 덕분이라고 생각합니다.

'사람'을 나타내는 명사형 어미로 er이나 or이 붙기도 하지만, ist를 붙이기도 한다. art는 예술, artist는 예술가, science는 과학, scientist는 과학자처럼 말이다. tion이 붙으면 행위나 결과를 나타내는 명사가 된다. celebration, education 같은 예를 들 수 있겠다.

명사를 찾으려고 이렇게 많은 방법을 전부 사용해야 하냐고 생각할 수도 있겠다. 복잡해 보이지만, 그렇지 않다. 명사 찾는 연습을 조금만 하면 리딩과 동시에 명사가 보인다. 영어 문장은 명사 수식이 많을수록 문장의 의미가 더 정교해지고 풍부해진다. 그러므로 명사를 찾고 이해하는 연습이 필요하다.

영어에서 동사는 한 문장에 하나만 있고, 시제와 뉘앙스를 담당한다. 그러므로, 동사를 찾는 것 역시 중요하다. 하지만 명사 찾는 법을 모르면 이것이 동사인지, 명사인지 알 수 없다. 하나의 영어 단어가 명사와 동사로 사용되는 경우가 많으므로 구분을 해야 한다.

처음에 좀 헷갈릴 수도 있지만, 명사 찾는 법에 익숙해지면 마치 볼록 판화처럼 명사만 도드라져 보인다. 그 귀한 명사를 전치사로 연결할 방법에 대해 지금부터 설명하려고 한다.

4

전치사가 없으면 절대 안 되는 이유

앞에서 설명했듯이, 영어는 명사 중심의 언어다. 명사가 중심이니 명사가 많이 나올 것이고, 명사를 쭉 늘어놓을 것이다. 그러면 이 명사들을 연결해야 말이 되지 않을까? 링크를 걸어줘야 하지 않을까? 그래야 의미 파악이 되기 때문이다. 명사만 쭉 늘어놓는다면 '엄마', '우유', '가게', '어제' 이런 식으로 단어만 나열하게 된다. 단어만으로는 정확한 내용을 전달할 수 없다.

명사를 연결하는 방법이 3가지가 있다. 첫 번째 방법은 전치사다. 겨우 전치사냐고? 너무 시시하다고? 전치사는 한국어의 조사 아니냐고? 그렇지 않다. 영어에서 전치사는 너무 중요한데, 지금 우리 영어 학습에서는 전치사를 비중 있게 다루지 않는다. 문법책에도 전치사는 거의 뒷부분에 나와 있어서 그냥 지나칠 때가 많다.

전치사는 일본식 문법 용어로 명사 앞에 있다고 해서 붙여진 이름이다. 전치사를 '명사 앞에 위치하는 품사로 시간, 공간, 방향 등을 나타내는 품사'라고 외우지 말고, '명사와 명사 사이에 들어가 그 관계를 설명하는 말'이라고 이해하자.

전치사는 어떨 때는 한국어의 조사처럼 쓰이고, 어떨 때는 동사처럼 사용한다. 전치사가 조사와 동사의 역할을 대신할 때가 있으니 중요한 것이다.

다음 예문을 통해 전치사가 어떤 역할을 하고 있는지 살펴보자.

우선, 다음 예문에서 전치사를 찾아보자.

문제

1. Can I get a seat beside my friend?
2. They hung the pictures over the sofa.
3. He still has a serious problem with money.
4. She bought some chocolate for her children.
5. The store closes at seven o'clock on Wednesdays.

정답

1. Can I get a seat beside my friend?
2. They hung the pictures over the sofa.
3. He still has a serious problem with money.

4. She bought some chocolate for her children.
5. The store closes at seven o'clock on Wednesdays.

이번에는 앞의 문장에서 전치사가 연결하고 있는 명사를 찾아보자.

정답

1. Can I get a seat beside my friend?
2. They hung the pictures over the sofa.
3. He still has a serious problem with money.
4. She bought some chocolate for her children.
5. The store closes at seven o'clock on Wednesdays.

해석

1. 제 친구 옆에 앉아도 될까요?
2. 그들은 쇼파 위에 사진을 걸었습니다.
3. 그는 여전히 심각한 돈 문제가 있습니다.
4. 그녀는 아이들에게 줄 초콜릿을 좀 샀습니다.
5. 그 가게는 수요일마다 7시에 문을 닫습니다.

해설

1. Can I get a seat beside my friend?
   beside는 '~옆에'라는 전치사다. beside로 의자와 친구를 연결했다.
2. They hung the pictures over the sofa.
   over는 '~위에'라는 전치사다. over는 붙어 있는 on과는 다르게, 위에 있거나 넘어간다는 의미가 있다. on은 표면과 접촉해 있고, over는 접촉해 있지 않다.
3. He still has a serious problem with money
   with는 '~와 같이', '~와 함께', '~을 가지고'로 사용된다. in과 같이 사용 빈도가 높다.
4. She bought some chocolate for her children.
   for는 '~를 위해서'라는 의미다. 초콜릿과 아이들 사이에 들어갔다.
5. The store closes at seven o'clock on Wednesdays.
   at과 on을 사용해 명사를 연결했다. Wednesdays에 s가 붙은 것은 복수다. '수요일마다' 라는 뜻이다.

앞의 예문에서는 전치사가 주로 조사같이 사용되었다. '옆에', '위에', '7시에'처럼 명사와 같이 사용되어 정확한 의미를 이해할 수 있도록 도와준다.

이번에는 다음 문장에서 전치사를 찾아보고, 그 역할에 대해 생각해 보자.

문제

1. She is under a lot of stress at work.
2. It's against the law to smoke here.

정답

1. She is under a lot of stress at work.
2. It's against the law to smoke here.

해석

1. 그녀는 직장에서 많은 스트레스를 받는다.
2. 흡연은 여기서 법에 위반된다.

해설

1. 이 문장에서 동사는 is다. 전치사 under가 '밑에 있다', 즉 '받는다'라는 동사의 역할을 하고 있다.
2. against는 '~에 반대해'라는 전치사다. 이 문장에서는 '위반하다'는 동사의 의미를 가진다.

이처럼 문장 연결에서 전치사가 없으면 안 되는 이유는 2가지다. 첫째, 전치사는 명사와 명사 사이에 들어가 그 명사들이 정확한 의미를 가지게 도와준다. 즉, 조사의 역할을 한다. 둘째, 문장에서 동사의 역할을 대신한다. 전치사라는 품사가 조사와 동사의 영역까지 확장해서 사용되니 중요한 것이다.

5

전치사, 이 정도만 알고 있어도 괜찮다

영어를 잘하는 사람은 영어에서 절대적인 비중을 차지하는 전치사를 자유자재로 구사하는 능력을 가진 사람이다. 영어에서 80개가 넘는 전치사를 전부 알 수는 없다. 하지만 필수적인 전치사 몇 개만 제대로 알아도 좋은 문장을 만들 수 있다.

여기서 나는 5개의 필수 전치사를 소개하려고 한다. 우리 손가락이 5개니, 손가락으로 세면서 기억하도록 하자. 전치사는 의미 확장이 일어나므로 느낌, 뉘앙스로 이해해야 한다. 전치사를 우리말에 일대일 대응시켜 외우면 오히려 사용하기 어렵다. 외울 것이 너무 많아지기 때문이다.

1. 전치사 with

전치사 with는 '~를 가지고', '~와 같이'라는 뜻에 더해 옆에 붙어 있는 느낌을 표현할 때 사용한다. '안경 낀 사람'을 말할 때, '낀'을 몰라서 고민할 때가 있다. 몸에 걸치는 것은 안경, 모자, 신발 등 전부 동사 wear를 사용한다.

한국어는 '모자를 쓰고', '신발을 신고', '옷을 입는다'처럼 몸에 걸치는 것을 말할 때 동사가 각각 다르다. 영어는 전부 동사 wear를 사용한다. 이 wear를 대신할 수 있는 전치사가 with다. '안경 낀 사람'은 'a person with glasses'가 된다. 물론, 전치사 in을 사용해도 된다. 전원주택은 영어로 무엇이라고 할까? with를 사용한다면, 'a house with a garden'으로 말할 수 있다. 이처럼 전치사 with는 가지고 있거나 붙어 있는 느낌으로 사용하면 틀리지 않는다.

2. 전치사 to

전치사 to는 '~로'라는 기본적인 뜻 외에 '~한테', '~에게'처럼 가서 연결하는 느낌이다. 전치사 to와 to 동사가 헷갈리기 쉽다. **전치사 to는 뒤에 사람, 사물, 장소 같은 명사가 온다. 반면에, to 동사는 to 뒤에 동사 원형이 온다.**

'나는 작년에 일본에 갔다'라고 할 때는 'I went to Japan last year'

라고 한다. 여기서 to는 전치사라서 뒤에 명사 Japan이 왔다. '나는 일하러 간다'라고 말할 때는 I am going to work라고 한다. 여기서 to는 to 동사다. to 뒤에 '일하다'라는 동사 work가 왔기 때문이다.

전치사 to는 '~로'로 사용하지만, 동사 go와 같이 사용할 때 to를 사용하지 않는 표현도 있다. 'go for a walk', 'go on a trip'처럼 for와 on을 사용하기도 한다. 왜 'go to a walk'나 'go to a trip'처럼 to를 사용하지 않는지 이 책의 검수자인 네이슨에게 물어봤다. 걷기나 여행은 특정한 행동이나 최종 결과를 나타내지 않는 그 자체의 움직임을 포함하고 있어서 to를 사용하지 않는다고 네이슨이 말해주었다. 즉, to는 연결하고 도착하는 느낌인데, 걷기와 여행은 그렇지 않다는 것이다.

'go shopping', 'go fishing'처럼 go 뒤에 ing가 붙은 표현이 올 때도 전치사 to를 사용하지 않는다. 또한, home, there, here은 부사이며, 이 단어들에 이미 전치사가 포함되어 있다고 본다. 그러므로, 이 단어들 앞에도 전치사 to는 붙지 않는다.

3. 전치사 of

전치사 to만큼 많이 사용하는 것이 of다. of는 '~의'라는 소유, 소속의 의미에 더해 of가 연결하는 말들의 관계를 나타낸다. '의자 팔걸이'

는 'the arm of the chair'다. 팔걸이가 의자에 속해 있는 것이고, 둘의 관계를 of가 나타낸다. 'the chair of the arm'이라고 말하면 이상하다. '팔걸이의 의자'가 되어 의미가 모호해진다.

소유를 나타낼 때 of를 사용할 수도 있고, 명사 어미에 's(apostrophe s – 어퍼스트로피 s)를 붙일 수도 있다. of는 무생물의 소유격에 사용하고, 's는 사람이나 동물의 소유격에 사용하는 것이 원칙이다. 하지만 둘 다 사용하기도 한다. 앞의 의자 팔걸이는 'the chair's arm'이라고 해도 된다.

4. 전치사 for

전치사 for는 '~를 위해', '~를 향해'라는 뜻이 있는데, 바라보는 느낌이다. 너무 많이 사용하기 때문에 의미가 헷갈리기도 한다. '~하러', '~를 위한', '~에서'라는 뜻도 있다. '너를 위한 선물'이라고 한다면, 'a gift for you'다. 너를 바라보면서 준비했다는 느낌이 든다. 'I had noodles for lunch'라고 할 때는 '~으로'의 의미다. 점심으로 국수를 먹었다는 말이다.

5. 전치사 in

마지막으로 전치사 in이다. 전치사 in은 전치사 at과 on과 같이 알아두면 좋다.

우리가 공간이라고 말할 때, 공간은 시간과 장소를 말한다. 전치사 in은 가장 넓고 큰 개념, 전치사 at은 가장 작은 개념이다. at, on, in 순서로 점점 시간과 장소가 커지며 확장한다고 이해하면 좋다.

구분		at	on	in
의미		콕 찍는	붙어 있는	안에 있는
시간	표현	at 5 pm	on Sunday	in July
	뜻	오후 5시에	일요일에	7월에
장소	표현	at the door	on the desk	in the room
	뜻	문에	책상 위에	방에

다음 예문을 통해 밑줄 그은 말이 전치사로 어떻게 표현되는지 알아보자.

문제

1. 마스크 쓴 사람이 내 여자 친구다.
2. 당신은 수영장이 있는 집에서 살고 싶나요?
3. 나는 일요일마다 교회에 간다.
4. 그는 내 말을 듣지 않는다.
5. 그는 이 업계에서는 최고다.

6. 그녀는 항상 활기가 넘친다.

7. 저는 병원에서 일해요.

8. 그는 매일 저녁을 먹고 나서 산책한다.

9. 저는 가족과 같이 제주도에 살아요.

10. 빨간 치마를 입은 아이가 내 여동생이다.

다음 문장에서 어떤 전치사가 사용되었는지 보자.

정답

1. The person with a mask is my girlfriend.
2. Do you want to live in a house with a swimming pool?
3. I go to church on Sundays.
4. He doesn't listen to me.
5. He is the top of (in) this field.
6. She is always full of energy.
7. I am working for the hospital.
8. He goes for a walk after dinner every day.
9. I live in Jeju with my family.
10. The kid in a red skirt is my sister.

해설

1~2. 전치사 with는 '~를 가지고', '~가 붙은', '~가 있는'을 의미한다. 1번에서는 wear의 의미로 사용되었다.

3~4. 전치사 to는 '~로'라는 방향을 나타내고 있다.

5~8. 소유의 의미 of, 바라보고 향하는 느낌의 for가 명사와 명사를 연결하고 있다.

9~10. 전치사 in은 '~안에'라는 의미와 '~를 입은'의 의미로 사용되었다. '~를 입은'이라는 뜻일 때는 동사 wear의 역할을 하고 있다.

전치사를 제대로 사용하지 못할까 봐 겁먹을 필요는 없다. 우리가 문장의 의미를 파악할 때 단어와 단어의 관계, 문장의 맥락을 보고 이해한다. 전치사는 그 관계를 더 명확히 이해할 수 있도록 도움을 준다. 하지만 전치사 하나를 잘못 사용했다고 해서 문장의 뜻이 완전히 달라지지는 않는다. 그러므로 전치사에 너무 집착하지 말고 편하게 사용하도록 하자.

6

아무것도 모르면 전치사가 답이다

내가 사는 화성시에는 '모세의 기적'을 볼 수 있는 제부도라는 섬이 있다. 서신면 앞바다에 있는 작은 섬인데, 썰물 때면 하루에 2번씩 바닷물이 갈라져 섬을 드나들 수 있는 길이 열린다. 예전에는 제부도에 들어갈 때 걸어가거나 차로 통행했는데, 최근에 케이블카가 설치되어 이제는 하늘길로도 갈 수 있게 되었다.

명사와 명사를 연결하는 방법도 제부도 가는 방법과 비슷하다. 제부도 가는 방법이 3가지가 있는 것처럼, 명사와 명사를 연결하는 방법도 3가지가 있다. 그중에서 가장 쉽고 간단한 방법이 전치사로 연결하는 것이다.

'안경을 낀 학생'을 영어로 말해보자. 안경은 glasses, 학생은 a

student다. 전치사 in을 사용하면, 'a student in glasses'가 된다. 간단하고 이해하기 쉽다. 이번에는 동사 wear를 사용해보자. 'a student wearing glasses'가 된다. wear를 wearing으로 바꾸어 연결했다.

마지막으로 문장으로 연결해보겠다. 'a student who is wearing glasses', 혹은 'a student who wears glasses'가 된다. 현재 진행의 느낌이면 who is wearing을 쓰고, 항상 안경을 끼고 있는 사실을 말하고 싶으면 who wears를 사용한다. 앞의 a student에게 동사를 맞추어 주기 위해 is를 썼고, wear에 s를 붙여서 wears로 사용했다.

좀 복잡하니 표로 정리하자.

No	연결 방법	영어 문장	비고
1	전치사	a student in glasses	in 사용
2	동사 변형	a student wearing glasses	현재 분사
3	문장으로 연결	a student who is wearing glasses a student who wears glasses	관계 대명사

이것이 학생과 안경을 연결해준 3가지 방법이다. 이 중에서 어느 것을 사용해도 좋다. 그럼 전치사나 동사 변형으로 간단히 연결할 수 있는데, 왜 문장으로 복잡하게 말하는 것일까? 복잡할수록 더 자세한 정보를 전할 수 있기 때문이다.

전치사나 동사 변형으로 말한 'a student in glasses'와 'a student wearing glasses'는 시제가 없다. 과거나 미래를 나타내지 못한다. 하지만 문장으로 연결할 때는 시제를 표현할 수 있다. '안경을 끼고 있었던 학생'이라고 할 때, 'a student who was wearing' 혹은 'a student who wore glasses'가 가능하다.

전치사나 동사 변형으로 표현할 수 없는 시제를 문장으로 연결할 때는 표현할 수 있다. 상세하고 구체적인 정보 전달이 가능한 것이다.

내가 학생들과 학원에서 수업하면서 학생들에게 '안경을 낀 학생'을 영어로 말해보라고 하면, 거의 다 문장으로 연결하려고 한다. 가장 어렵고 복잡한 방법을 택하는 것이다. 어렵고 복잡하다 보니 생각하는 데 한참 걸린다. a student who까지 말하고 정적이 흐른다. who 뒤에 어떤 말을 붙여야 할지 몰라 고민한다. 고등학교 때 배운 관계 대명사가 제대로 생각이 안 나고, 동사를 어떤 형태로 넣어야 할지 망설이게 된다.

반면에, 전치사와 동사 변형으로 명사를 연결할 수 있다는 것을 아는 학생들은 말이 바로 나온다. 그 학생들은 전치사와 동사 변형으로 말할 수 없을 때만 문장으로 가는 방식을 고른다.

하나 더 해보자.

다음의 tip을 참고해 '경제적인 문제가 있는 사람들'이라는 말을 만들어보자.

No	연결 방법	영어 문장	비고
1	전치사	People _______ economic problems	with
2	동사 변형	People _______ economic problems	have 사용
3	문장으로 연결	People ___ ___ _____ economic problems People ___ _____ economic problems	관계 대명사

전치사 with를 사용하면 좋을 것 같다. with는 '옆에 있는', '가지고 있는'의 뜻이 있다. 경제적인 문제가 '있다'라고 했는데, '있다'에서 동사 have가 떠오르면 좋겠다. '가지고 있다' 동사 have를 having으로 바꾸어 연결했다. 문장으로 연결하는 방법은 who대신 that을 사용해도 된다. 느낌에 따라 아래와 같이 시제 표현이 가능하다.

No	연결 방법	영어 문장	비고
1	전치사	People with economic problems	with
2	동사 변형	People having economic problems	have 사용
3	문장으로 연결	People who are having economic problems People who have economic problems	관계 대명사

그렇다면, '경제적인 문제를 가졌던 사람들', 혹은 '경제적인 문제를 계속 가지고 있는 사람들'은 어떻게 말하면 좋을까? '가졌던'은 과거니까 동사 have를 had로 바꾸면 되고, '계속 가지고 있는'은 현재 완료 진행으로 말하면 좋다.

No	연결 방법	영어 문장	비고
1	문장으로 연결	People who had economic problems	과거
2		People who have been having economic problems	현재 완료 진행

내가 수업하는 영어 학원은 학생들을 수준별로 나누어 그룹으로 수업한다. 학생들을 수준별로 나누었다고 하지만, 같은 반에서 수업하는 학생들의 실력은 조금씩 다르다. 영어 회화는 잘하는데 문법은 모르는 학생, 문법은 모르나 어휘는 많이 아는 학생, 문법은 알고 있으나 회화는 능숙하지 않은 학생 등 참으로 다양하다. 이런 차이가 있음에도 같이 수업할 수 있는 이유는 자신이 이해한 방법으로 문장을 만들면 되기 때문이다.

앞에서 설명한 것과 조금 다른 패턴이기는 하지만, 이것도 한번 살펴보자.

'저녁을 먹은 후에 산책하러 가자'라는 말을 학생들에게 영어로 해보라고 했다. 초급인 학생이 전치사 after를 사용해 간단히 말했다. 다음 학생에게는 동사를 바꾸어 말하라고 했고, 나머지 학생에게는 문장으로 표현하라고 요청했다.

학생들이 말한 영어 문장은 다음과 같다.

No	연결 방법	영어 문장	비고
1	전치사	Let's take a walk after dinner	after
2	동사 변형	Let's take a walk after eating dinner	eat or have 사용
3	문장으로 연결	Let's take a walk after we eat dinner	접속사로 사용

이처럼 전치사, 동사 변형, 문장으로 다양한 표현이 나온다. after는 전치사이면서 접속사다. 전치사로 사용할 때 뒤에 명사나 동명사가 온다. 따라서 dinner와 eating을 사용했다. 동명사 having이나 finishing을 써도 좋다. 동명사는 동사에 ing를 붙여서 명사로 만든 것을 말한다. eat은 동사, eating은 동명사다.

문장으로 연결할 때는 after를 접속사로 사용한 것인데, 이때 한국어에 없는 주어를 찾아서 넣어줘야 한다. 이것이 어렵다면 좀 어려울 수도 있겠다. '우리 저녁을 먹은 후에, 산책하러 가자'로 생각하고, 영어로 말해야 한다. 여기서 Let's는 Let us의 줄임말이다. 이것을 Let is의 줄임말로 알고 있는 학생이 의외로 많았다. us니까 주어를 we라고 볼 수 있다. 주어가 이미 들어가 있는 것이다.

이 3가지 방법이 어려워서 잘 모르겠다면, 이 장의 제목처럼 전치사가 답이다. 전치사로 명사와 명사를 기막히게 잘 연결한 문장을 볼 때마다 감탄이 절로 나왔다. 간단하게 할 수 있는 말을 복잡하게 하는 것은 오히려 낭비다. 그렇지 않을까? 전치사로 가자. 전치사가 답이다.

동사를 이용한 매력적인 긴 문장 만들기

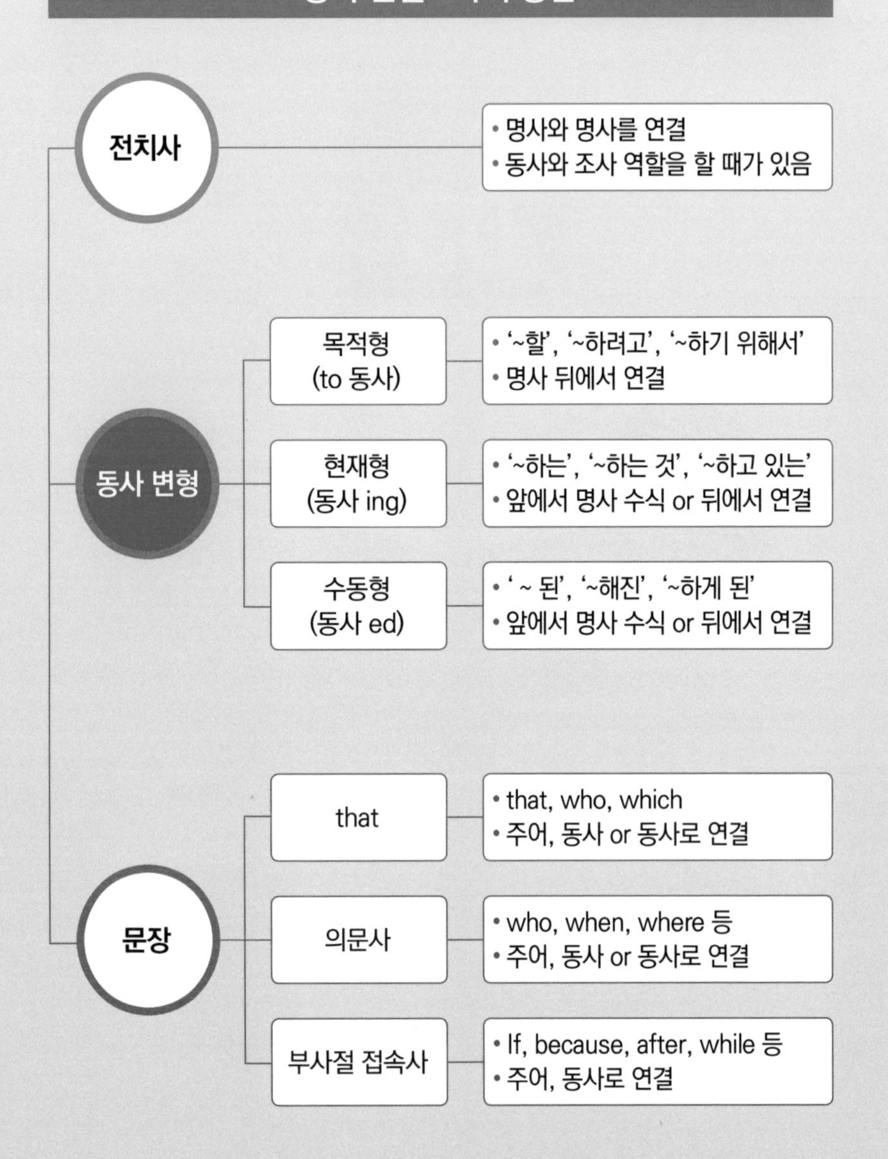
영어 연결 3가지 방법
전치사
• 명사와 명사를 연결
• 동사와 조사 역할을 할 때가 있음
동사 변형
목적형
(to 동사)
• '~할', '~하려고', '~하기 위해서'
• 명사 뒤에서 연결
현재형
(동사 ing)
• '~하는', '~하는 것', '~하고 있는'
• 앞에서 명사 수식 or 뒤에서 연결
수동형
(동사 ed)
• ' ~ 된', '~해진', '~하게 된'
• 앞에서 명사 수식 or 뒤에서 연결
문장
that
• that, who, which
• 주어, 동사 or 동사로 연결
의문사
• who, when, where 등
• 주어, 동사 or 동사로 연결
부사절 접속사
• If, because, after, while 등
• 주어, 동사로 연결

1

동사 변형을 이해하면 영어가 보인다

요즘 이색 반려동물로 카멜레온을 키우는 사람들이 있다. 카멜레온은 도마뱀류에 속하며, 빛의 강약과 온도, 감정의 변화에 따라 몸의 빛깔이 바뀐다. 그래서 옷을 잘 입는 사람이나 다채로운 연기 변신을 하는 사람을 카멜레온이라고 부른다.

영어에서 동사는 카멜레온이다. 변신의 귀재 카멜레온처럼 문장에서 모양을 바꾼다. 어떤 언어든 동사의 변형을 이해하면 언어 실력이 수직으로 상승한다. 명사는 바뀔 것이 없다. 고작해야 복수형으로 바뀔 뿐이다. '사람'은 '사람들', '책상'은 '책상들'이다. 우리말은 복수형으로 '들'이 붙는다. 영어에서는 명사 복수형으로 명사 끝에 's'를 붙인다. 's'를 붙일 때의 규칙, 불규칙을 제외하고는 사실 변화가 없다. 하지만 동사는 완전 다르다. 동사가 카멜레온처럼 어떻게 바뀌는지 알아야 한다.

우리말로 '가다'가 어떻게 바뀌는지 한번 생각해보자.

'가다'라는 기본형이 있다. 기본형을 현재형이라고 생각할 수 있으나 그렇지 않다. **기본형은 동사 원형이다.** '가다'라는 동사는 '갔었다', '가는 중', '갈 것이다', '가게 된', '가려고'로 바뀔 수 있다. '먹다'도 그렇다. '먹었다', '먹는 중', '먹을 것이다', '먹게 된', '먹으려고'로 바뀐다. 기본형 '가다'와 '먹다'를 제외하고 동사는 5가지 형태로 바뀐다.

이렇게 바뀌는 이유는 무엇일까? 동사는 명사와 달리 움직임이 있는 말이기 때문이다. 동사는 끝이 '다'로 끝나는 행동이 있는 말이다. 사전에서는 동사를 '사람이나 사물의 움직임 또는 작용을 나타내는 말로, 문장의 주체가 되는 말의 서술어 기능을 하는 품사'로 정의하고 있다. 움직임이나 행동은 시간과 연관이 있다. 조금 전에 먹었다면 '과거'가 되는 것이고, 나중에 갈 것이면 '미래'가 되는 것이다. 중요하니까 복습하자. 동사가 왜 바뀐다고? **동사는 움직임이 있는 말로 시간을 가지기 때문이다.**

5가지 동사의 변형 중에 4가지는 시간과 관련이 있다. '갔었다'는 과거, '가는 중'은 현재, '갈 것이다'와 '가려고'는 미래가 된다. 미래가 2가지라서 헷갈린다. 그러므로, 나는 이 책에서 '갈 것이다'는 미래형, '가려고'는 목적형이라고 부르겠다.

나머지 하나는 수동의 느낌이다. 가기 싫었지만 '가게 된' 것이고, 먹기 싫었지만 '먹게 된' 것이다. 능동의 느낌이 전혀 없으므로 '수동형'이라고 이름을 붙이겠다. 동사의 목적형과 수동형은 내가 만든 말이다.

지금까지 말한 내용을 표로 그려보면 다음과 같다.

동사 go의 동사 변형

구분	기본형	과거형	현재형	미래형	목적형	수동형
형태	go	went	going	will go	to go	gone
의미	가다	갔었다	가는 가는 중	갈 것이다	가려고	가게 된

동사 eat의 동사 변형

구분	기본형	과거형	현재형	미래형	목적형	수동형
형태	eat	ate	eating	will eat	to eat	eaten
의미	먹다	먹었다	먹는 먹는 중	먹을 것이다	먹으려고	먹게 된

적어놓고 보니 현재형, 미래형, 목적형이 규칙적으로 바뀜을 알 수 있다. 현재형은 동사 뒤에 ing를 붙인다. 미래형은 동사 앞에 will을 붙이고, 목적형은 동사 앞에 to만 붙이면 된다. 표를 다시 정리하면 다음과 같다.

동사 go의 동사 변형

구분	기본형	과거형	현재형	미래형	목적형	수동형
형태	go	went	going	will go	to go	gone
의미	가다	갔었다	가는 가는 중	갈 것이다	가려고	가게 된

동사 eat의 동사 변형

구분	기본형	과거형	현재형	미래형	목적형	수동형
형태	eat	ate	eating	will eat	to eat	eaten
의미	먹다	먹었다	먹는 먹는 중	먹을 것이다	먹으려고	먹게 된

그럼 이번에는 현재형, 미래형, 목적형을 빼고 나머지를 놓고 보자. 기본형, 과거형, 수동형만 놓고 보면 이렇게 된다. go-went-gone, eat-ate-eaten이 된다. 어디서 많이 본 것 같지 않은가? 이것이 우리가 초등 고학년 때부터 열심히 외우는 **동사의 3단 변화다.**

왜 이렇게 외우게 되었을까? 동사는 5가지 형태로 바뀐다. 현재형, 미래형, 목적형은 동사 앞뒤로 ing, will, to만 붙이면 된다. 반면에, 과거형과 수동형은 불규칙적으로 바뀐다. 불규칙적으로 바뀌는 것은 외워야 한다. 그래서 현재형, 미래형, 목적형을 빼고, 나머지 2개만 동사의 기본형과 같이 외우기로 한 것이다. 이것이 동사 3단 변화의 탄생 배경이다.

동사 변화 5가지를 전부 외우는 것보다 불규칙적으로 변하는 동사 변화 3개만 외우는 것이 실용적이라고 생각할 수 있다. 아마 일본의 학자들도 이렇게 생각해서 현재형, 미래형, 목적형을 빼고, 동사의 3단 변화를 만들었을 것이다.

내가 캐나다에서 공부할 때 멕시코에서 온 유학생이 있었다. 그 학생은 수업 시간 전에 항상 종이를 보면서 입으로 중얼거리며 무엇인가를 외우고 있었다. 궁금해서 옆에 가서 봤더니 동사의 변화를 보고 있었다. 내가 알고 있던 동사의 3단 변화가 아니고, 동사의 4단 변화였다.

나는 깜짝 놀라서 그 학생에게 물었다. 그 학생은 당연하다는 얼굴로 자기 나라에서는 동사 4단 변화를 외운다고 말하는 것이었다. 그 학생이 외우는 동사의 4단 변화에는 우리가 외우는 기본형, 과거형, 수동형 외에 하나가 더 들어가 있었다. 그것이 무엇이었을까? 동사에 ing를 붙인 동사의 현재형이 동사의 4단 변화 안에 들어가 있어 다음 표처럼 되어 있었다.

구분	기본형	과거형	현재형	수동형
형태	eat	ate	eating	eaten
의미	먹다	먹었다	먹는, 먹는 중	먹게 된

나는 동사 3단 변화를 당연하게 생각했는데, 이 일을 겪고 나서 생각이 좀 달라졌다. 우리가 절대적이라고 알고 있는 지식이나 이론이 그렇

지 않을 수 있다는 것을 느꼈다. 그리고 나라마다 설명하고 가르치는 방식이 다를 수 있다는 것도 알게 되었다.

최근에 우리나라에서 동사 4단 변화를 외우게 하는 학원도 보긴 했지만, 아직도 대부분 학원에서는 동사의 3단 변화를 아이들에게 외우게 한다. 나는 동사의 4단 변화를 가르치는 것이 좋다고 생각한다. 그 이유는, 눈에 보이지 않으면 없다고 생각하기 때문이다. 없다고 생각하면 말하기도 어렵다.

동사의 3단 변화든, 4단 변화든, 동사 변화, 즉 동사가 왜 바뀌는지에 대해 개념을 이해하는 것이 중요하다. 동사 변형에 대한 충분한 설명 없이 동사의 3단 변화를 외우게 되면 어떤 일이 생길까? 이어지는 장에서 이야기하려고 한다.

2

우리는 동사의 변형을 제대로 이해하고 있을까?

앞에서 동사는 5가지 형태로 바뀌지만, 우리는 동사를 3단 변화로 외운다고 설명했다. 일본의 학자들이 외울 것이 많은 세상에 사는 우리를 위해 규칙적으로 바뀌는 것은 제외하고, 불규칙적으로 바뀌는 것만 묶어서 동사의 3단 변화를 만들었다. 즉, 동사의 기본형, 과거형, 수동형만 외우도록 묶어놓은 것이다.

외우기는 쉬울지 몰라도 이렇게 학습하게 되면 3가지 큰 단점이 있다.

첫째, 동사 끝에 ing가 붙은 동사의 현재형을 영어 회화에서 잘 사용할 수 없다. 왜냐하면, 동사의 3단 변화에서 빠져 있기 때문이다. 동사가 바뀐 것인지, 원래 그런 형태가 있는 것인지 알 수 없는 것이다.

예를 들어, '걷는 사람들'이라는 말을 하고 싶다고 하자. '걷다'라는 동사는 walk다. 이 walk에 ing를 붙여서 walking으로 만든다. 이 동사의 현재형을 뒤에 수식하고자 하는 말 앞에 넣으면 된다. 'walking people'이 된다. 의외로 많은 학생이 이 말을 할 때 망설이는 것을 보게 된다.

'나는 걷는 중이다.' 이 말은 학생들이 잘한다. 'I am walking'이라고 말한다. 왜냐하면, be동사 + 동사 ing는 현재 진행형이라고 배웠기 때문에 입에서 바로 나오는 것이다. 하지만 walking은 별로 들어본 적이 없고, walk에 ing를 붙여서 walking이라고 만든다는 것을 잘 모른다.

동사 끝에 ing가 붙는 동사의 현재형은 문법적으로 중요하고 쓰임새가 많다. 그럼에도 불구하고, 동사의 3단 변화에서 빠져 있어서 잘 사용할 수가 없다. 말을 할 때 바로 나오지 않는 것이다.

둘째, 동사 3단 변화에서 맨 끝에 있는 동사 수동형의 의미를 잘 모른다. 동사 3단 변화를 외우기에 급급한 학생들은 성인이 되어도 그 뜻을 이해하지 못한다. 학원에 오는 성인들에게 나는 동사의 3단 변화에 관해 물어본다. 학생들에게 문법을 설명해보라고 하는 것이 아니라 자신들이 동사 변형을 어떻게 이해하고 있는지 알고 싶기 때문이다. 대부분의 학생들은 동사의 3단 변화를 설명하지 못한다. 특히, 마지막에 있는 동사 수동형의 의미는 영어를 잘하는 학생들도 설명하는 것을 어려워한다.

예를 들어, '숨다'라는 동사는 hide다. 동사 hide의 3단 변화는 hide - hid - hidden이다. 각각의 동사 변화의 뜻이 무엇인지 물어본다. 많은 학생이 이렇게 말한다. '숨다 - 숨었다 - 숨었었다'라고 말이다.

동사 forget도 한번 보자. 동사 forget의 3단 변화는 forget - forgot - forgot(ten)이다. 이것은 '잊다 - 잊었다 - 잊었었다'라고 대답한다. '잊었다'와 '잊었었다'가 어떻게 다른지 내가 다시 물어보면 학생들이 웃는다. 자신들이 생각해도 이상하기 때문이다. '잊었었다'가 '잊었다'보다 더 과거라고 생각할 수 있지만, 한국어도 의미상 이렇게 구분해서 사용하지 않는다.

유튜브에 동사의 3단 변화를 검색해보라. 동사의 3단 변화에 대한 많은 영상이 있다. 동사의 3단 변화를 노래로 만들어놓은 영상도 있다. 대부분의 유튜브 영상들은 50개 혹은 100개씩 동사의 3단 변화를 묶어놓고 이렇게 설명한다. '동사의 현재, 과거, 과거 분사입니다. 다 같이 발음을 듣고 따라 해보실까요?' 하고 말이다.

동사 변화에 대한 개념 설명과 한국어 의미가 더 중요한데, 그런 영상은 거의 찾을 수 없다. 동사 기본형의 뜻만 알려주고, 주로 암기와 발음에 초점을 맞추고 있다. 남들이 만든 유튜브 영상을 가져와 재생산하다 보니, 내용과 설명하는 방식이 비슷하다. 한편으로, 유튜브 특성상 동사 변화에 대한 배경 설명을 지루하게 보고 있을 사람이 없을 것 같기도 하다.

동사 3단 변화에서 맨 마지막에 있는 과거 분사는 매우 중요하다. 문법적으로 활용도가 높다. 이것은 이어지는 장에서 다시 설명할 것이다.

동사의 과거 분사 hidden과 forgotten으로 다시 돌아가자. 이 과거 분사의 뜻을 살펴보자. hide - hid - hidden의 한국어 의미는 숨다 - 숨었다 - 숨겨진 것이다. '숨겨진' 것은 무엇일까? '숨은' 것이 아니고 '숨겨진' 것이다. 즉, 수동의 의미다.

hidden hero라고 말하면, '숨겨진 영웅'이다. 이 말을 많이 쓰고, 들으면서도 뜻을 모르는 사람들이 많다. 마찬가지로, forgot(forgotten)의 뜻은 '잊힌'이다. '잊은' 것이 아닌 '잊힌' 것이다. 그래서 forgotten people은 '잊힌 사람들'이 된다. 이처럼 동사의 과거 분사는 수동의 의미가 있다는 것을 알고 있어야 한다.

셋째, to가 붙은 동사의 목적형이다. 동사의 목적형도 동사의 현재형과 마찬가지로 동사의 3단 변화에서 빠져 있다. 그러니 잘 사용하지 못할 수밖에. 학생들에게 '아파트를 사려고 돈을 모은다'라는 말을 해보라고 한다. 학생들은 'I save money'라고 말하고 또 고민한다. 그러고 나서, 'buy an apartment'라고 말한다. 그렇게 말하면 문장이 연결되지 않는다고, 지금 우리가 필요한 말은 '사다(buy)'가 아니고, '사려고(to buy)'라고 내가 다시 말한다. 그제야 학생들이 to를 동사 buy 앞에 한 번 붙여서 말해보는 것이다.

동사 앞에 to가 붙어서 목적형이 된다는 것을 동사 변화에서 설명해야 한다. 하지만 동사의 목적형을 동사의 변화가 아닌, 문법 용어도 어려운 'to 부정사'로 설명한다. 심지어 to 부정사는 3가지 용법, 즉 형용사적 용법, 명사적 용법, 부사적 용법으로 나눈다. 중학교 시험 문제집을 보면, to 부정사를 설명하고 나서 나머지 용법과 다른 것을 고르라고 한다. 동사 변화에 대한 이해 없이 to 부정사에 대한 형식적인 설명을 듣고 문제를 푸는 것은 의미가 없을뿐더러 영어 회화에도 전혀 도움이 안 된다.

동사는 동사의 변형으로 설명해야 한다. 동사에서 벗어난 카테고리로 정해놓고, 다른 문법 용어를 붙여놓으면 이해하기 어렵다. 동사의 목적형을 to 부정사로, 동사의 현재형을 동명사나 현재 분사로, 동사의 수동형은 과거 분사로 분류해놓았다. to 부정사는 3가지 용법으로 나누고, 동명사는 주어, 목적어, 보어로 구분해놓았다. 현재 분사와 과거 분사는 다른 문법으로도 사용되니 또 헷갈리는 것이다. 학습자들은 따로따로 하나씩 학습하다가 중간에 길을 잃고 만다.

영어 회화를 하든, 고등 영어 독해를 하든, 동사 변화를 이해하는 것은 필수다. 동사 같은 모양을 한 동사의 다른 형태가 명사의 앞뒤에서 명사를 수식하며 서술하고 있다. 그 문장의 진짜 동사는 주어와 시제에 따라 또 형태를 바꾼다. 변화한 동사와 진짜 동사를 찾아낼 줄 알아야 한다. 특히 동사의 과거형과 과거 분사는 형태가 같은 경우가 많아 더 자세히 들여다봐야 한다.

동사 변형을 이해하지 못하면 영어 학습의 진전은 없다. 일본어를 배울 때 동사 변형을 이해하고 나서 내 일본어 실력은 날개를 달았다. 그래서 일본어 통역자로 몇 년을 일할 수 있었다. 중국어를 배울 때도 제일 먼저 동사의 변형부터 챙겨봤다. 어떤 언어든 마찬가지일 것이다. 동사의 변형을 제대로 이해하는 것이 중요함을 한 번 더 강조하고 싶다.

3

to 동사 모르면 아무리 공부해도 소용없다

'to(투)' 하고 발음할 때 입 모양이 어떻게 될까? 입술이 앞으로 나오면서 바람이 나온다. 음운론에 의하면, 우리의 입 모양과 발음은 단어의 뜻과 연관이 있다. to는 앞으로 나가는 느낌이다.

미래의 일이고 미래는 주로 계획, 목적, 소망과 관련이 있다. **to 뒤에 동사가 오는 것을 나는 동사의 목적형이라고 부른다.** 내가 만든 용어다. '~를 하려고', '~를 할', '~를 하기 위해서', '~하게 되어'라고 해석한다. 일본식 문법 용어로는 to 부정사라고 한다. 부정사(infinitive, 不定詞)로서 품사가 정해지지 않고, 동사와는 달리 시간을 정할 수 없다는 의미에서 'to 부정사'라는 이름이 붙여졌다고 한다. 품사를 정할 수 없을 만큼 다양하게 사용된다고 이해하고 넘어가자.

to는 미래형이므로 계획, 목적, 소망을 말할 때 자주 쓰인다고 앞에서 언급했다. 그러다 보니 to는 원하다(want), 필요하다(need), 결심하다(decide), 계획하다(plan), 기대하다(expect) 등의 미래를 나타내는 동사들과 사용하는 것이 자연스럽다. 이런 동사들이 다른 동사와 연결될 때 to가 들어간다.

어떤 학생이 수업 시간에 말했다. 영어에 to가 너무 많이 나와 헷갈린다고 말이다. 나도 그랬다. 영어에 나오는 to는 2개다. 하나는 to 뒤에 동사가 오고, 나머지 하나는 to 뒤에 명사가 온다. to 뒤에 동사가 올 때는 동사 원형이 온다. to 뒤에 명사가 오면 전치사인데 '~로'라는 뜻이다.

우리가 살면서 무엇을 하려고 계획할 때가 많고, 어디로 갈 때도 많다. 그러니 당연히 to를 많이 사용하는 것이다. 표로 정리해보자.

구분	전치사 to	to 동사
뜻	~로	~하려고, ~할, ~하기 위해
연결 방법	명사, 동명사	동사 원형

다음 문장에서 to가 2번 나오는데, 그 차이점을 보자.

I want to go to America next year.

첫 번째 to는 동사의 목적형이다. to 뒤에 동사 원형을 붙여서 '~가는 것을'이 되었다. 두 번째 to는 전치사 to다. America라는 명사 앞에서 '~로'라는 뜻으로 사용했다. 'She gave it to me'라는 문장에서 to는 '~나에게로'라는 의미로 사용되었다.

그럼, 동사 앞에 to가 붙는 동사의 목적형으로 다시 돌아가자.

다음 문장을 영작해보자.

나는 살을 빼려고 이것을 먹어.

'살을 빼다'는 lose weight다. 내가 만들어야 할 말은 '~빼려고'다. 그래서 lose 앞에 to를 붙인다. 영어의 어순은 주어, 동사, 목적어다. 그러니까 I eat this까지 말해놓고, 그 뒤에 to lose weight를 붙이면 된다.

I eat this to lose weight가 된다. 이 문장에서 to lose는 동사가 아니다. 이 문장에서의 동사는 eat이기 때문이다. lose는 앞에 to가 붙으면서 동사가 아닌 동사의 목적형으로 바뀌었다.

하나 더 해보자.

나는 돈을 벌려고 이것을 팔 것입니다.

'돈을 벌다'는 make money다. 물론, earn money도 좋다. 영어의 어순은 주어, 동사, 목적어이므로, '나는', '판다', '이것을'을 먼저 말하고 나서 뒤에 '돈을 벌려고'를 붙이자. 'I will sell this to make money'가 된다. to make는 동사가 아니다. 이 문장의 동사는 sell이다. 이제 make는 앞에 to가 붙어서 더 이상 동사가 아니다.

다음 문장을 영작해보자.

문제

1. 이 음식은 만들기 간단하다.
2. 영어로 말하는 것은 쉽지 않다.
3. 나는 오늘 할 일이 아무것도 없다.
4. 파리에는 방문할 미술관들이 많다.
5. 우리는 그의 이야기를 듣고 깜짝 놀랐다.
6. 나의 남동생은 새 자전거를 사기 위해 돈을 저축하고 있다.

정답

1. This food is simple to make.
2. To speak English is not easy.
3. I don't have anything to do today.
4. There are many museums to visit in Paris.
5. We were very surprised to hear his story.
6. My brother is saving money to buy a new bicycle.

해설

1. '만들다'는 동사 make, '만들기에', '만드는 것은'은 동사 make 앞에 to를 붙인다.
2. '영어를 말하다'는 'speak English'이다. 내가 필요한 말은 '영어로 말하는 것은'이라는 말이다. speak 앞에 to를 붙여서 '말하는 것은'을 만든 다음 주어로 사용했다. 예를 들기 위해 내가 사용한 문장이다.
   이 문장보다 'It is not easy to speak English'라고 말하는 것이 더 자연스럽다. 주어가 길어지면 듣는 사람이 피곤하다. 영어는 결론부터 먼저 말하고 이어가는 것이 더 좋다. 쉬운 것인지, 어려운 것인지, 좋은 것인지, 안 좋은 것인지, 위험한 것인지, 심각한 것인지 등 결론부터 먼저 말하고 나서 이유를 to로 붙이자.
3. '하다'는 'do'이다. do 앞에 to를 붙여서 '~해야 할'로 만들었다. 주어, 동사, 목적어를 말한 다음에 붙인다.
4. 우리말로 '있다'라고 할 때, 단수는 There is, 복수는 There are를 사용한다. 주로 문장의 맨 앞에 온다. 실제 there의 품사는 부사지만, there is, there are를 동사로 보고 뒤에 주어가 온다고 생각하면 쉽다.
5. '듣다'는 동사 hear이다. to를 hear 앞에 붙여서 '~를 듣게 되어'라는 말이 되었다.
6. '사다'를 '~를 사려고'로 만들기 위해서 동사 buy 앞에 to를 붙였다.

동사의 목적형은 동사 변형 중에 가장 사용 빈도수가 높다. '우리가 하는 대부분의 말이 to를 붙여서 연결하면 되지 않나?'라는 생각이 들 정도다. 잘 기억해서 유용하게 사용하도록 하자.

4

동사 ing의 연결법은 따로 있다

'ing(잉)'하고 발음할 때 어떤 느낌이 들까? 코에 '잉'하고 소리가 머무는 느낌이 든다. 현재라는 시간은 늘 우리 곁에 머물러 있다. 앞에서 입 모양과 발음은 단어의 뜻과 연관이 있다고 말했다. 동사에 ing가 붙으면 현재형이 된다. '잉'은 현재에 머무는 소리다.

동사 현재형 ing의 쓰임이 다양하다. 그 쓰임새를 잘 파악해둬야 다른 모양으로 나와도 헷갈리지 않는다.

'동사 끝에 ing가 붙는다', 이 형태가 3가지로 사용되는 것을 설명하려고 한다.

첫째, 형용사다. 동사에 ing가 붙어 품사가 형용사로 바뀐다는 사실이 중요하다. 그런데 왜 형용사가 되는 것일까? 명사를 설명하기 위해서다. 명사를 가운데 두고 짧은 수식은 명사 앞에서 하고, 복잡한 서술은 명사 뒤에서 할 것이다.

형용사를 따로 만드는 것보다 동사에서 형태를 바꾸어 형용사로 사용하는 것이 더 좋겠다고 영어를 만든 학자들이 생각한 것 같다. beautiful, difficult처럼 원래 형용사인 단어들이 있고, 동사에 ing를 붙여서 형용사로 만든 것도 있다.

예를 들어, '걷는 소녀'는 'walking girl'이다. 그럼, '길을 걷는 소녀'는 어떻게 말할까? 'Walking girl on the street'라고 하기도 한다. 하지만 **명사 뒤에 붙는 말들이 있으면 walking이 명사 뒤로 간다.** 'A girl walking on the street'가 되는 것이다.

여기서 walk라는 동사가 walking이 되어 a girl을 꾸미고 있다. 형용사 역할을 하는 것이다. '걷다'가 '걷는'으로 바뀌었다. 형용사는 끝이 '~는'으로 끝나는, 사물의 상태와 성질을 나타내는 품사로 명사를 꾸밀 때 사용한다.

'자는 아기'는 어떻게 말할까? '자다'라는 동사는 sleep이다. sleep에 ing를 붙이면 sleeping이 되어 'sleeping baby'가 된다. '침대에서 자는 아기'는 'Sleeping baby on the bed' 혹은 'A baby sleeping on the bed'다.

이처럼 명사를 앞뒤에서 설명하기 위해 동사에 ing가 붙어 형용사로 바뀌었다. **동사에 ing를 붙여서 형용사로 사용하는 것을 문법 용어로는 현재 분사라고 한다.**

둘째, 동사에 ing를 붙여서 '~하는 것'으로 만들 것이다. 이렇게 만든 형태는 문장에서 주어, 목적어, 보어 등 다양하게 활용된다. '게임을 하다'는 'play games'다. 이것을 '게임을 하는 것'으로 바꾸려면 동사 play에 ing를 붙인다. 그러면 'playing games'가 되어 '게임을 하는 것'이 된다.

'게임을 하는 것'은 문장에서 3가지로 사용된다. 'Playing games is good for you'처럼 주어로 사용하기도 하고, 'I enjoy playing games'처럼 목적어로 사용하기도 한다. 또한, 'My hobby is playing games'처럼 보어로 사용하기도 한다.

이처럼 동사에 ing를 붙여서 명사로 만든 것을 동명사라고 부르는데, 이 동명사는 문장에서 주어, 목적어, 보어로 사용할 수 있다. 이 동명사가 문장에서 '~하는 것을'이라는 목적어로 사용될 때 자주 사용되는 동사들이 있다.

진행의 뜻을 가진 동사들로, 계속하다(keep), 즐기다(enjoy), 끝내다(finish), 포기하다(give up) 등의 동사들이다. '~하는 것'을 계속하는 것이고, '~하는 것'을 즐기는 것이고, '~하는 것'을 끝내는 것이고, '~하는 것'을 포기하는 것이다. 하지도 않고 있는 미래의 일을 계속하고 즐기고 끝낼 수는 없다. 그러므로, 이 동사들은 미래를 나타내는 to와는 어울리지 않는다. 따라서, 이 동사들 뒤에 동사가 올 때는 동사에 ing가 붙은 형태를 사용한다. 즉, 동명사를 목적어로 취하는 것이다.

셋째, 동사에 ing가 붙어서 be 동사, been과 같이 진행으로 사용된다. '나는 공부를 하고 있다'라고 하면, 'I am studying', '나는 여기서 너를 기다리고 있다'라고 하면 'I am waiting for you'가 된다. '나는 너를 여기서 좀 오래 기다리고 있다'라고 하면 'I have been waiting for you'가 된다. 둘 다 진행의 느낌이 있는 것이다.

be 동사와 같이 동사 ing가 사용되면 현재 하는 것임을 강조하고, 현재 진행형이라고 부른다. be 동사 + 동사 ing의 형태다.

have been과 같이 사용하면 과거로부터 지금까지 계속하고 있는 느낌이다. 여기서 been은 be 동사의 과거 분사다. 동사의 현재형이 have been과 같이 사용하면, 문법 용어로는 현재 완료 진행형이라고 한다. have been + 동사 ing가 된다.

지금까지 설명한 동사의 현재형을 표로 정리해보면 다음과 같다.

	1	2	3	4
구분	현재 분사	동명사	Be + 동사 ing	Have been + 동사 ing
역할	형용사	주어, 목적어, 보어	현재 진행형	현재 완료 진행형

동사의 현재형이 어떻게 사용되는지 예문을 만들어보자.

문제

1. 방에서 우는 사람들
2. 그녀는 과자를 굽고 있다.
3. 매일 운동하는 것은 중요하다.
4. 나는 여기서 10년째 일을 하고 있다.
5. 나는 내년에 새 차를 사는 것을 검토하고 있다.

정답

1. The people crying in the room.
2. She is baking cookies.
3. Exercising every day is important.
4. I have been working here for 10 years.
5. I'm considering buying a brand-new car next year.

해설

1. 동사 cry에 ing를 붙여서 '우는'으로 만들어준다. '사람들'을 뒤에서 꾸미는 형용사 역할이다.
2. 동사 bake에 ing를 붙인다. ing를 붙일 때 동사가 끝이 e로 끝나면 e를 없애고 ing를 붙

인다. baking 앞에 be 동사 is를 붙여서 is baking으로 만들었다. 현재 진행형이다.

3. 동사 exercise에 ing를 붙여 '운동하는 것', 즉 동명사 주어로 사용했다. exercise를 명사로 사용할 때는 동사 do가 사용된다. Doing exercising every day is important라고 하면 된다.
4. have been과 같이 사용해서 과거부터 지금까지 계속 일하고 있음을 말한다.
5. '사는 것'을 만들기 위해 buying을 사용했다. 동사 consider는 '~ 하는 것'을 검토하는 것이므로 ing 형태의 동사와 함께 자주 사용된다.

동사에 ing가 붙은 것은 진행의 느낌이다. 각각의 쓰임새는 다르나 진행의 느낌이 있는 것이다. 형용사, 동명사, 현재 진행, 현재 완료 진행 등 어느 것으로 사용해도 '~하고 있는', '~하는 것'임을 염두에 두자.

5

절대 빠질 수 없는 동사 ed의 연결법

마지막으로 동사 수동형을 설명하려고 한다. 규칙적으로 바뀌는 경우는 동사 뒤에 ed가 붙는다. ed는 '~트', '~드' 라고 발음된다. 발음이 끊어지고 끝난 느낌이 든다. 그러므로 이미 끝난 과거를 표현하거나 수동일 때 ed를 사용한다.

동사에 ed가 붙는 형태가 단순히 과거를 나타내는 것이 아니고, 수동의 의미로 사용한다는 것이 핵심이다. **내가 동사의 수동형이라고 부르는 것을 문법 용어로는 과거 분사라고 한다**. 아마 과거에서 떨어져 나온 말 정도가 되지 않을까?

과거 분사는 동사의 3단 변화에서 맨 마지막에 있는 형태다. **규칙적**

으로 바뀔 때는 동사 끝에 ed가 붙기 때문에 나는 '동사 ed'라고도 부르고 있다. broken, waken처럼 en으로 끝나기도 한다. '끝'은 'end'다. 과거는 이미 끝났기 때문에, 과거 분사는 'ed'와 'en'이 붙을 때가 많다. 과거 분사가 과거와 연관 있다는 것을 알 수 있다.

그 외 brought, felt처럼 동사의 과거형과 모양이 같을 때도 있다. 불규칙적으로 형태가 바뀌는 것들이 많아서 암기해야 한다. 동사의 현재형이 여러 가지로 사용되는 것처럼, 동사의 수동형도 쓰임이 다양하다.

첫째, 형용사로 뒤의 명사를 꾸민다. 단, 현재 분사와는 달리 수동의 느낌으로 꾸민다. '수입된 차'는 어떻게 말할까? '수입하다'는 동사 'import'다. 수입된 것이니까 수동의 느낌이 있다. 그래서 'imported car'가 된다. '깨끗해진 방'은 'cleaned room'이다. 동사에 ed가 붙으면 이제 더 이상 동사가 아니다. 뒤의 명사를 꾸미는 형용사가 되었다.

둘째, be 동사와 같이 사용한다. 수동의 느낌을 그대로 가져와서 수동태가 된다. '그 건물은 작년에 지어졌다'는 'The building was built last year'라고 한다. 우리가 수동태를 be 동사 + 과거 분사(P.P)라고 배웠기 때문에 be 동사가 am, are, is만 있다고 생각할 수 있다. 그러나, be 동사는 시제에 따라 모양이 바뀐다. was, were, will be 등도 be 동사 자리에 들어가 과거 분사와 같이 사용되면 수동태가 된다.

셋째, have와 같이 현재 완료로 사용한다. 현재 완료는 문법 용어로,

과거부터 지금까지 계속 이어져오는 일, 혹은 지금까지 해본 적이 있는 일 등을 말할 때 사용한다. 한국어에 딱 맞는 표현은 없는 것 같다.

현재 완료를 모르면 '그거 먹어 봤어?', '미국 가 봤어?', '피아노 배워본 적 있어?' 이런 말을 영어로 할 수 없다. 동사 have의 기본 유전자는 '가지다'이다. 너는 '그런 상태를 가져본 적이 있는지'에 관해서 묻는 것이다. 그런 상태를 가지려면 기간이 필요하다. 그래서 현재 완료는 기간이 들어간 경험과 관련해서 주로 사용한다.

'나는 서울에서 5년째 살고 있다'라고 하면, 'I have lived in Seoul for 5 years'라고 하면 된다. 현재 완료는 워낙 많이 사용하기 때문에 따로 공부하는 것이 좋다. 여기서는 동사가 바뀐 과거 분사, 즉 동사의 수동형이 have와 같이 사용되면 현재 완료가 된다는 것만 말해두고 넘어가려고 한다.

have been과 같이 과거 분사가 사용되면, 현재 완료 수동태라고 한다. 현재 완료에 수동의 형태가 더해진 것인데, 여기서 been은 be 동사의 과거 분사다. 'The man has been taken to the hospital'처럼 사용하는데, '그 남자는 병원으로 옮겨졌어'라는 수동의 의미를 가진다.

넷째, 조동사 + have와 같이 가정법으로 사용한다. 영어 가정법을 다들 어려워한다. 한국어와 가정하는 방법이 다르기 때문이다. 가정법의 핵심은 시제다. 영어는 시제를 과거로 표현해서 이것이 사실이 아님을 알려준다.

예를 들어, 아파트 가격이 많이 올랐다고 가정하자. 우리는 이런 말을 할 것이다. '작년에 돈이 있었으면 아파트를 샀을 텐데', 즉 'If I had had enough money, I would have bought an apartment last year.' 이런 식의 문장 표현이 가능하다. If를 가정법이라고 생각하는 학생들이 많은데, If는 '만약에'라는 말이다. 단순 조건문에서도 사용하기 때문에 If만 보고 가정법이라고 생각하면 안 된다.

have 뒤에 있는 bought는 buy의 과거 분사다. would, have와 같이 사용되어 '샀었을 텐데'처럼 사용한다. 가정법도 여기서 논하고자 하는 주제가 아니다. 단지 과거 분사가 조동사 should, could, would + have와 같이 가정법으로 사용된다는 것만 알아두고 넘어가자.

동사의 수동형을 표를 정리하면 다음과 같다.

	1	2	3	4
구분	과거 분사	Be + 동사 ed	Have + 동사 ed Have been + 동사 ed	Should Could + have + 동사 ed Would
역할	형용사	수동태	현재 완료 현재 완료 수동	가정법

동사의 수동형을 기억하면서 영작해보자.

문제

1. 너는 독일에서 수입된 차가 좋아?
2. 이 방은 엄마에 의해서 오늘 아침에 청소되었어.
3. 나는 그 사람을 서울에서 만난 적 있어.
4. 내가 공부를 했다면, 그 시험에 합격할 수 있었을 텐데….

정답

1. Do you like the car imported from Germany?
2. This room was cleaned by my mom this morning.
3. I have met with him in Seoul.
4. If I had studied, I would have passed the exam.

해설

1. '수입하다'라는 동사 import를 '수입된' imported로 바꾸었다. imported가 car 앞에서 수식하지만, 뒤에 from Germany가 오면서 뒤로 가서 '차를' 수식하는 구조다.
2. 수동태는 행위자가 있을 때는 by 뒤에 행위자를 적어준다. 이 문장은 상당히 부자연스럽다. 우리는 엄마가 이 방을 청소했다고 말한다. 이 방이 엄마에 의해 청소되었다고 말하지는 않는다. 그러므로, 수동태는 그렇게 자주 사용하지 않는다.
3. 이 문장은 현재 완료다. 현재 완료와 과거형 문장과는 다르다. 예를 들어, '작년에 그를 서울에서 만났다'라고 하면, 'I met with him in Seoul last year'다. 명백한 과거 시점과 현재 완료는 같이 사용하지 않는다. 현재 완료는 과거로부터 지금까지의 기간이 들어가기 때문이다. last year는 과거의 특정 시점이다. 쭉 이어진 기간에 사용하는 have와 어울리지 않는다.
4. 내가 공부를 했다면 합격을 했을 것이다. 내가 공부를 안 했기 때문에 합격을 못 했다. 그러므로, have가 아닌 had를 사용했다. 'If I had studied'라고 한 이유다. 사실이 아닌 것이다. **영어의 가정법은 사실이 아닌 것을 시제를 늦추어 표현한다**고 앞에서 설명했다. '시험에 합격하다'는 'pass exam'이다. 여기서 would 대신에 could를 사용해도 된다. 단지

뉘앙스의 차이만 있을 뿐이다.

살펴본 것처럼, 동사의 수동형도 동사의 현재형만큼 사용법이 다양하다. 동사의 수동형은 형용사로 많이 사용한다. 그 외에 다른 동사들과 결합해 수동태, 현재 완료, 가정법 등에도 사용됨을 알아두자.

6

나도 모르게 길어지는 동사로 문장 연결하기

지금까지 우리가 학교에서 배운 동사의 3단 변화와 실제로 동사 형태가 어떻게 바뀌는지 설명했다. 또한, 동사가 문장을 연결할 때, 동사의 목적형(to 동사), 동사의 현재형(동사 ing), 동사의 수동형(동사 ed)으로 바뀐다는 것도 보여주었다.

이 장에서는 실제로 동사가 어떻게 긴 문장을 만드는 데 사용되는지 살펴보자.

다음 문장은 고등학교에서 배우는 내용이라 단어가 좀 어려울 수도 있다. 단어 뜻은 해석 아래에 적어두었다. 사실 영어를 길게 말한다는 것은 초급자 수준은 아니다. 따라서, 단어와 문장도 중급 이상인 경우가 많다.

1. The ability to attract consumer attention is important to our business.

   소비자의 관심을 끌 수 있는 능력은 우리의 비즈니스에 중요하다.

   * ability 능력 attract 끌다 consumer 소비자 attention 관심

2. Only local people living in this city are allowed to open businesses here.

   이 도시에 살고 있는 지역 사람들만 이곳에서 개업하는 것이 허용된다.

   * local 지역의, 현지의 allow 허락하다

3. A chemical used to clean a inside of the bus is sodium percarbonate.

   버스 내부를 청소하는 데 사용된 화학 물질은 과탄산소다이다.

   * chemical 화학 물질 sodium percarbonate 과탄산소다

먼저 명사 뒤에 바로 붙어서 문장을 연결하고 있는 동사 변형을 찾아보자. 1번 문장에서 to attract, 2번 문장에서 living, 3번 문장에서 used를 찾을 수 있다. 각각 동사의 목적형, 현재형, 수동형으로 사용되었다. 모아놓고 보면 다음과 같다.

1. The ability to attract consumer attention is important to our

business.

2. Only local people living in the city are allowed to open businesses here.

3. A chemical used to clean a inside of the bus is sodium percarbonate.

이 동사 변형들 앞에 무엇이 있을까? 바로 명사 The ability, local people, chemical이 있다. **이 말은 명사를 설명할 때 동사 변형으로 명사를 수식할 수 있다는 말이다.** 명사를 수식할 때 짧은 말은 명사 앞에서 수식하지만, 수식이 길어질 때는 명사 뒤로 가서 다른 말과 같이 붙어서 앞에 있는 명사를 서술할 것이기 때문이다.

그럼, 이번에는 앞에 명사 없이 동사가 변형된 것을 찾아볼까? 2번 문장의 to open과 3번 문장의 to clean이다. 각각 '~개업하는 것이', '청소하기 위해'로 사용되었다. 이 동사 변형 앞에 명사는 없지만, 문장에서 연결자의 역할을 하고 있다.

아래 문장에서 동사 변형을 찾아보자. 앞에 명사가 있을 수도 있고, 없을 수도 있다.

Do you find yourself often checking Instagram to see what your friends are up to? Do you feel uneasy seeing them having fun without you?

동사 변형은 아래와 같다. 동사의 목적형과 동사의 현재형이 문장을 연결하고 있다.

Do you find yourself often checking Instagram to see what your friends are up to? Do you feel uneasy seeing them having fun without you?

해석은 아래와 같다.

당신은 친구들이 무엇을 하고 있는지 보기 위해 인스타그램을 자주 확인하는 자신을 발견하는가? 그들이 당신 없이 즐거운 시간을 보내는 것을 보면 불안한가?

표로 만들어 보면 아래와 같다. 의미를 보고 동사 변형을 떠올릴 수 있어야 한다.

동사	check	see	see	have
의미	확인하는	보기 위해	보는 것을	가지는 것을
동사 변형	checking	to see	seeing	having

이번에는 동사의 수동형을 찾아보자. 수동형은 목적형, 현재형처럼 많이 사용하지는 않는다.

Songsan Grape Festival is a festival that was held in July to promote the grapes grown in Songsan. It is known for having a good environment for grapes. You can also enjoy tasty foods made with them.

동사의 수동형은 아래와 같다. 명사 뒤에서 명사를 수식하는 역할을 하고 있다. 관계 대명사와 함께 사용한 was held는 이어지는 4장에서 설명할 것이다.

Songsan Grape Festival is a festival that was held in July to promote the grapes grown in Songsan. It is known for having a good environment for grapes. You can also enjoy tasty foods made with them.

송산 포도 축제는 송산에서 자란 포도를 홍보하기 위해 7월에 열렸던 축제다. 송산은 포도를 키우기에 좋은 환경을 가지고 있는 것으로 알려져 있다. 당신은 포도로 만들어진 맛있는 음식을 즐길 수 있다.

표로 설명하면 다음과 같다.

문장 연결 방식인 that was held와 수동태인 is known은 제외했다.

동사	grow	make
변형 의미	(다) 자란	만들어진
동사 변형	grown	made

동사 변형은 긴 영어 문장을 만들기 위한 두 번째 방법이다. 이제 동사를 목적형, 현재형, 수동형으로 바꾸어 길게 문장을 만드는 것이 가능하다는 것을 알게 되었을 것이다. 문장에서 동사가 연결 고리로서 어떤 역할을 하고 있는지 찾을 수 있어야 한다. 이제는 긴 영어를 위한 마지막 방법인 문장으로 연결하는 방법을 배울 것이다.

문장을 잘 만드는 사람이 이긴다

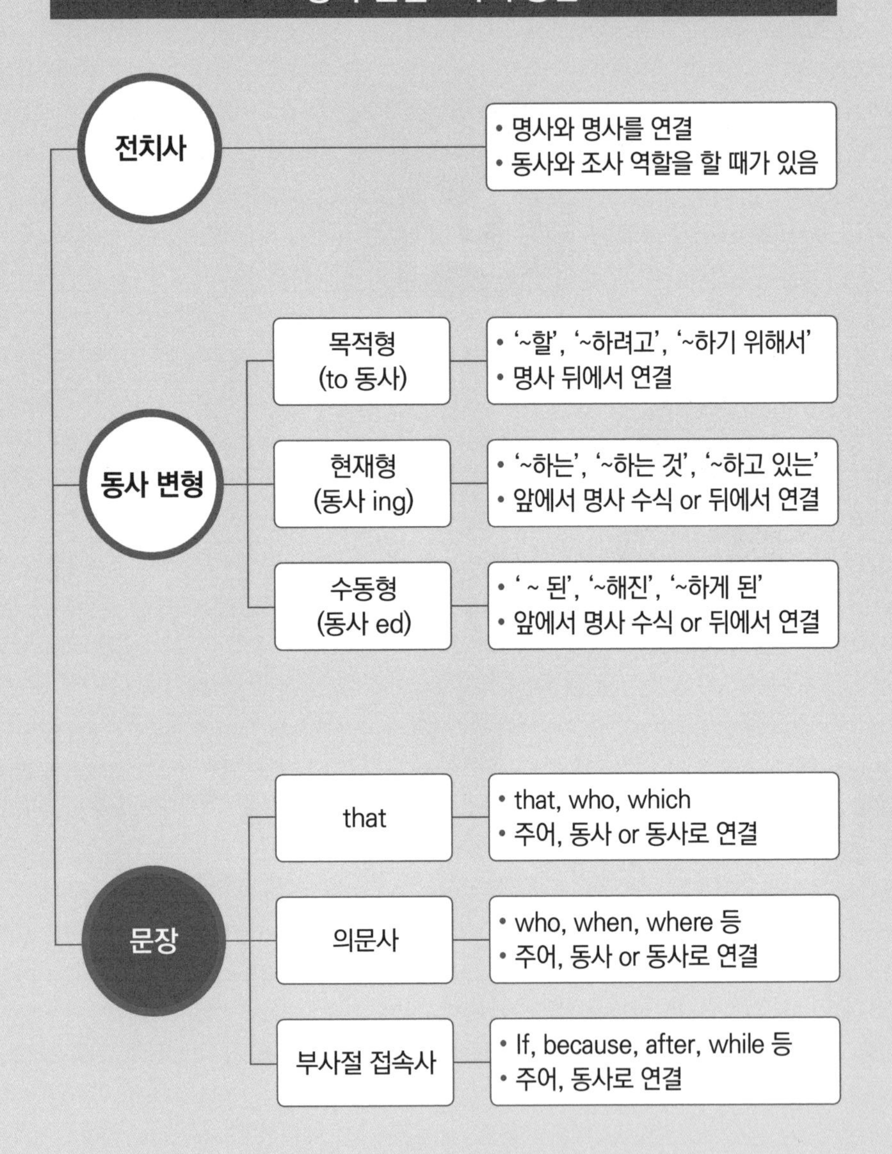
영어 연결 3가지 방법
전치사
• 명사와 명사를 연결
• 동사와 조사 역할을 할 때가 있음
동사 변형
목적형
(to 동사)
• '~할', '~하려고', '~하기 위해서'
• 명사 뒤에서 연결
현재형
(동사 ing)
• '~하는', '~하는 것', '~하고 있는'
• 앞에서 명사 수식 or 뒤에서 연결
수동형
(동사 ed)
• ' ~ 된', '~해진', '~하게 된'
• 앞에서 명사 수식 or 뒤에서 연결
문장
that
• that, who, which
• 주어, 동사 or 동사로 연결
의문사
• who, when, where 등
• 주어, 동사 or 동사로 연결
부사절 접속사
• If, because, after, while 등
• 주어, 동사로 연결

1

도저히 안 될 때는 문장 파워로 말하기

지금까지 긴 영어를 위해 사용하는 2가지 방법을 설명했다. 전치사와 동사 변형이다. 하지만 전치사와 동사 변형으로 연결이 안 되는 경우가 있다. 어떤 경우일까? 주어와 동사를 포함한 복잡한 문장 형식으로 수식이 일어나는 경우다.

'안경 낀 학생'을 영어로 말해보자. 앞에서 배웠듯이, 전치사로 연결한다면 'a student with glasses'라고 하면 된다. 동사를 사용해서 연결해볼까? wear를 사용하면 'a student wearing glasses'다. 동사 wear를 wearing으로 바꾸어 연결해준 것이다.

그런데, 이 말은 어떻게 연결해야 할까? '내가 가르치는 학생', '내가 어제 먹은 피자', '내일 친구와 볼 영화' 이런 말은 어떻게 해야 할까? 전치사와 동사 변형으로 할 수 있을까? 한번 시도해보자.

먼저 '내가 가르치는 학생'이다. 먼저 a student라고 일단 말은 했는데, '내가 가르치는'을 연결하려고 하니 왠지 전치사 with나 in은 아닌 것 같다. 또한, '내가 어제 먹은 피자'는 먼저 pizza를 말했다. 다음에 사용할 적당한 전치사가 없다.

그럼, 동사를 바꾸어서 연결해볼까? '가르치다'는 'teach', '가르치는'은 'teaching'이니까 'a student teaching me'라고 하면 될까? 그럼 '나를 가르치는 학생'이 되어버린다. teach의 과거 분사 taught를 사용해서 'a student taught by me'라고 하면 되지 않을까? 말의 뉘앙스가 좀 다르다. '내가 어제 먹은 피자'도 마찬가지다. 'a pizza eaten by me yesterday'라고 하면 너무 부자연스럽지 않을까? 원어민들도 이렇게 사용하지 않는다.

이럴 때 바로 문장 파워가 필요한 것이다. **명사를 수식해야 하는데 그 수식이 복잡하고 길어질 때, 전치사와 동사 변형만으로는 연결할 수 없다. 이때 문장 카드를 꺼내 들어야 한다.** 이 책에서 영어 연결 방식의 하나로 문장이라고 말할 때는 주어와 동사가 있는 형식을 말한다.

다음 예문을 통해 어떤 말이 연결하기 어려운지 생각해보자.

1. 나는 네가 본 영화를 보고 싶어.

2. 그는 네가 여기에 왔던 이유를 알아.

3. 음식이 맛이 없었기 때문에 그 식당은 문을 닫았다.

아래와 같이 말할 수 있다.

1. I want to see the movie that you saw.

2. He knows the reason why you came here.

3. The restaurant was closed because the food didn't taste good.

어떤 말이 연결하기 어려웠을까?

앞의 '네가 본', '네가 여기에 왔던', '음식이 맛이 없었기'는 전부 주어와 동사로 이루어진 문장이다. 이처럼 주어와 동사가 필요할 때는 전치사와 동사 변형만으로 연결할 수 없음을 이해해야 한다. 그럼 연결되는 주어와 동사 앞에 무엇이 있는지 다시 보자.

1. I want to see the movie that you saw.

2. He knows the reason why you came here.

3. The restaurant was closed because the food didn't taste good.

that, why, because가 있다. 이것이 무엇일까? 이 3가지는 전부 문장을 연결하기 위한 접속사로 사용되었다. 문법 용어는 that은 관계 대명사, why는 의문사, because는 접속사라고 한다. 이 3가지가 문장 연결을 위해 사용되고, 뒤에 주어와 동사가 온다는 것이 중요하다. 물론 that 뒤에 동사가 바로 나오는 경우가 있지만, 그 역시 명사를 수식하는 방법이다.

앞의 3가지를 생각하면서 다음 문장을 말해보자. 한국어의 주어와 동사를 의식하면서 무엇으로 연결할지 생각해보자.

1. 너는 내가 운전하는 차를 봐야 한다.
2. 그는 내가 어제 만났던 사람이 아니다.
3. 그들이 살아가는 방식은 단순하다.
4. 그는 내가 좋아하는 카페를 안다.
5. 네가 열심히 공부하지 않으면 너는 시험에 실패할 것이다.
6. 그는 아팠기 때문에 회의에 참석할 수 없었다.

이번에는 영작한 문장에서 주어와 동사를 찾아보자.

1. You should see the car that I drive.
2. He is not the person that I met yesterday.
3. The way (how) they live is simple.

4. He knows the cafe that I like.

5. If you don't study hard, you will fail the exam.

6. Since he was sick, he couldn't attend the meeting.

이번에는 주어와 동사 앞에 어떤 단어가 있는지 살펴보자.

1. You should see the car that I drive.

2. He is not the person that I met yesterday.

3. The way (how) they live is simple.

4. He knows the cafe that I like.

5. If you don't study hard, you will fail the exam.

6. Since he was sick, he couldn't attend the meeting.

1번과 2번은 that으로 연결했다. that 앞의 명사는 사물과 사람이 다 올 수 있다. 그래서 1번에는 the car, 2번에는 the person을 사용했다. that 앞의 명사가 사람일 때 who, 사물일 때 which를 사용하기도 한다.

3번과 4번은 의문사를 사용해 문장을 연결했다. 이처럼, 의문사가 문장에서 사용될 때 접속사 역할을 한다. 3번에서 the way와 how를 각각 사용할 수 있다. 그러나 이 2가지를 동시에 사용하지는 않는다.

5번과 6번은 If와 Since를 사용했다. If와 Since 뒤에 주어, 동사가 왔다. If의 품사는 접속사, Since의 품사는 접속사이자 전치사다. 이 문장에서 Since 뒤에 주어, 동사를 사용했으므로 Since를 접속사로 사용했음을 알 수 있다.

that, 의문사, 부사절 접속사에 대해서 이어지는 장에서 다시 설명할 것이다. 내가 지금 말하고 싶은 것은 어떤 말이 전치사와 동사 변형으로 연결이 안 되는지 이해해야 한다는 것이다. 항상 기준은 우리말이다. 내가 하고자 하는 말에 따라 영어 연결 방법이 달라지기 때문이다.

주어와 동사가 있는 문장을 연결할 때는 전치사나 동사 변형으로 안 된다. that, 의문사, 부사절 접속사가 문장 연결에 사용된다는 것을 이해하고 넘어가자.

2

긴 영어를 위한 확실한 방법 문장으로 말하기

문장의 정의는 좀 다를 수 있다. 내가 이 책에서 문장이라고 말할 때는 단어와 단어를 연결하거나 문장과 문장을 연결할 때 사용할 것이다. 이 문장은 주어와 동사가 있는 형식을 가리킨다.

앞 장에서 전치사, 동사 변형으로 안 되는 문장은, that, 의문사, 부사절 접속사를 포함한 문장으로 나타내야 한다는 것을 설명했다. 이 장에서는 문장을 연결한 방법을 확인할 것이다.

다음 문장에서 that, 의문사, 부사절 접속사를 사용한 문장 연결 부분을 찾아보자.

1. I bought a ticket for an event that is coming up at the amusement park next weekend.
2. We were grateful for the technology because it allowed us to see what is inside the Earth.
3. When the order was ready, I was called to pick up my food.

문장으로 표현되어야 할 우리말은 아래와 같다.

1. 나는 다음 주말에 놀이 공원에서 열리는 (다가오는) 이벤트 티켓을 샀다.
2. 우리는 그 기술이 지구 안에 무엇이 있는지 볼 수 있게 해주었기 때문에 감사했다.
3. 주문이 준비되었을 때, 나는 음식 픽업을 위한 전화를 받았다.

문장 연결 부분은 아래와 같다.

1. I bought a ticket for an event that is coming up at the amusement park next weekend.

나는 이벤트 티켓을 샀는데, 그 이벤트가 다가오는 것이다. event 뒤에 that을 쓰고 바로 동사로 연결하는 구조다. '다가오는'이 이벤트를 꾸미고 있다. that을 쓴 다음 아무리 생각을 해도 주어를 찾을 수 없다.

왜냐하면, 이벤트가 주어 역할을 하고 있기 때문이다. 이럴 때는 바로 that 뒤에 동사를 붙인다.

2. We were grateful for the technology because it allowed us to see what is inside the Earth.

because가 접속사이므로 뒤에 주어 it과 동사 allowed가 왔다. what이 문장 가운데 사용되면 주어와 동사 혹은 동사로 연결된다. 여기 예문처럼 의문사가 주어인 경우는 의문사 뒤에 바로 동사가 온다. 그래서 is를 사용했다.

다시 설명해보겠다. 우리가 주어라고 할 때는, 끝이 '~은, ~는, ~이, ~가'로 끝나는 말로, 동작이나 상태의 주체가 되는 말을 가리킨다. 우리말이 '무엇이 있는지'이다. 의문사가 '무엇이'라는 주어다. 그래서 what을 쓰고 바로 동사 is를 붙인다. what이 주어이므로 뒤에 붙일 주어가 없다. 이것은 나중에 의문사 문장 연결법에서 다시 설명할 것이다.

3. When the order was ready, I was called to pick up my food.

when이 의문사가 아닌 접속사로 문장에서 사용될 경우, 뒤에 주어와 동사가 온다. the order가 주어, was가 동사다. 단, 의문사가 주어 역할을 할 때 의문사 뒤에 바로 동사가 붙는다.

다른 예문을 통해 that, 의문사, 부사절 접속사를 사용한 문장 연결 부분을 찾아보자.

1. Here is a simple way that can help you share your emotions.
2. Economists are still trying to figure out more reasons to explain why this happens.
3. Using your phone while doing homework is not a good choice.

문장으로 표현되어야 할 우리말은 다음과 같다.

1. 당신이 감정을 공유하도록 도울 수 있는 한 가지 간단한 방법이 여기 있습니다.
2. 경제학자들은 왜 이런 일이 일어나는지 설명할 더 많은 이유를 찾기 위해 여전히 노력하고 있습니다.
3. 숙제하는 동안 휴대폰을 사용하는 것은 좋은 선택이 아닙니다.

문장 연결 부분은 다음과 같다.

1. Here is a simple way that can help you share your emotions.

우리말이 '도울 수 있는 한 가지 간단한 방법'이다. '한 가지 간단한 방법 + that + 도울 수 있는'이라는 문장 구조다. 즉, '도울 수 있는' 이 '한 가지 간단한 방법'을 수식하고 있다. a simple way와 that을 쓴 뒤, '도울 수 있는'이라는 부분을 동사 can help를 사용해서 연결했다.

동사에 대해 추가 설명하고자 한다. 여기서 help가 동사처럼 보이지만 동사가 아니다.

이 문장의 동사는 is다. 동사 help는 '돕다'인데 'that can help'는 '도울 수 있는'이기 때문이다. 동사 help가 '방법'을 꾸미는 형용사 역할로 바뀌었다.

help 동사 뒤에 있는 share 역시 동사가 아니다. 동사 원형이라 동사라고 생각할 수 있지만, 한국어를 보면 '공유하다'가 아니다. '공유하도록' 이다. 우리말 의미를 잘 생각해야 한다. help 뒤에 동사를 사용해 말을 연결할 때 동사 원형이나 to 동사가 온다는 것을 기억하자.

2. Economists are still trying to figure out more reasons to explain why this happens.

'왜 이런 일이 일어나는지'를 why this happens라고 표현했다. this가 주어, happens가 동사다. 주어가 3인칭 단수일 때 꼭 동사에 s를 붙여준다.

3. Using your phone while doing homework is not a good choice.

'숙제하는 동안'으로 while을 사용했는데 뒤에 doing이 있다. 그래서 while을 전치사라고 생각할 수 있는데 while은 접속사다. 접속사 뒤에는 주어, 동사가 오는데 왜 주어, 동사가 없을까? 생략했다. 주어는 I, 동사는 am이다. while 앞에 있는 주어와 같을 때 while 뒤의 주어와 be 동사는 생략할 수 있다. 그래서 I 와 am이 생략된 것이다. 전치사와 접속사의 연결 방식은 뒤에서 다시 설명하려고 한다.

이제 문장으로 연결하는 방법, 즉 that, 의문사, 부사절 접속사를 사용하는 방법에 대한 감을 가지게 되었을 것이다. 무엇이든지 한 번 봐서는 잘 모른다. 그냥 흘리게 된다. 2~3번 반복되면 그때 무엇이 중요한지 보이기 시작한다.

나는 많은 내용을 말하기보다 핵심적인 내용을 반복적으로 설명하려고 노력한다. 그럼 이어지는 장에서 각각의 항목을 하나씩 살펴보도록 하자.

3

That을 알아야 긴 문장을 만들 수 있다

앞에서 영어는 명사 위주의 언어라고 말했다. 명사를 수식하고 서술하는 최고봉이 that이다. that 사용법을 모르면 영어는 포기해야 한다고 말할 정도로 that은 중요하다. 한국어는 명사를 설명할 때 앞에서 수식한다. 반면에, 영어는 명사를 뒤에서 꾸며준다. 수식과 서술에서 가장 많이 사용하는 것이 that이다.

다음 두 문장은 다르다. 어떤 게 다를까?

1. I met my friend yesterday.
2. The friend I met was his sister.

해석은 아래와 같다.

1. 나는 어제 친구를 만났다.
2. 내가 만났던 친구는 그의 여동생이다.

1번 문장에서 동사는 met이다. 2번 문장의 동사는 met이 아니고 was이다. met이 1번과 2번 문장에서 다른 역할을 하고 있다. 1번 문장 해석은 어렵지 않다. 2번 문장은 that이 생략된 문장이다. 원래 문장은 이렇다.

The friend that I met was his sister.

이 that을 어떻게 이해하면 좋을까?

첫째, 명사를 수식하기 위해 사용한다. '내가 만났던 친구'라는 말에서 한국어는 '내가 만났던'이 '친구'를 꾸미고 있다. 그러나 영어는 '친구'를 먼저 말하고, '내가 만났던'을 뒤에서 붙인다.

뒤에서 설명할 것이라는 신호를 that으로 준 것이다. 영어는 명사를 먼저 말하고 뒤에서 설명한다. 명사와 서술할 말 사이에 that을 넣어서 연결한 것이다. that이 나온 순간, '뒤에서 명사를 설명하겠구나' 하고 생각해야 한다.

이런 맥락으로 that을 '~는' 동사라고 설명하는 사람도 봤다. '당신이 초대한 사람들'을 영어로 말해보자. 먼저 'the people'을 말하고 'that'을 써준다. 그리고 '당신이 초대하다'를 붙인다. 'The people that you invite'라는 문장이 되는 것이다.

'내가 도와주었던 남자'라는 말도 해보자. 먼저 남자를 말하고, 그 남자를 설명할 거니까 'that'을 쓴다. 그리고 나서 '내가 도와주었다'를 붙이면 된다. 'The man that I helped'가 되었다. 이것이 쉬워 보이지만, 쉽지 않다. 왜냐하면, 말의 순서가 바뀌기 때문이다.

한국어는 앞에서 명사를 수식하는데 그 습관이 영어를 말할 때도 남아 있다. 한국어를 말할 때처럼 명사 앞에 말하고자 하는 내용을 넣으려고 하는 학생들을 많이 봤다. 그렇게 하면, 내용이 엉켜서 말이 나오지 않는다. **영어는 명사를 먼저 말하고 뒤에서 붙여야 한다. 붙인다는 신호를 that으로 준다고 생각하면 쉽다.**

둘째, 설명하고자 하는 명사가 사람이면 who, 사물일 때는 which, 사람과 사물에 전부 사용 가능한 것이 that이다. 그러니 that을 많이 사용하는 것이다. '그가 만나고 싶은 여자'라는 말을 who를 사용해서 만들어보자. 우선 '여자'를 말해야 하니까 The woman을 쓰고, who를 넣는다. 그리고 나서, '그가 만나고 싶다'를 붙이면 된다. The woman who he wants to meet이 된다.

'그가 지난달에 산 중고차'를 말해보자. 우선 중고차를 말하고, 사물이니까 which를 써주고, '그가 지난달에 샀다'를 붙이면 되지 않을까? 'The used car which he bought last month'면 좋다.

앞에서 사용한 who와 which 대신에 전부 사용 가능한 것이 that이다. 너무 복잡하다면 그냥 that만 사용해도 되고, 표현을 다양하고 풍부하게 하고 싶으면 who와 which를 사용해도 좋다.

셋째, 내가 설명하고자 하는 명사를 주어와 동사로 꾸밀 것인지, 동사로만 꾸밀 것인지에 따라 문장 구조가 달라진다. 다시 말하면, 내가 설명하고자 하는 명사에 주어와 동사를 붙여 설명할 것인지, 그 명사가 주어라서 동사만 붙일 것인지 결정해야 한다. 이것은 내가 말하고자 하는 한국어에 의해 결정된다.

다음의 예를 보자.

1. 내가 만든 음식이 더 맛있어.
2. 나는 중국어를 가르치는 선생님을 알아.

1번은 주어 '나', 동사 '만들다'가 '음식'을 꾸미고 있다. 2번은 선생님을 꾸미는 주어가 없고, 동사 '가르치다'만 있다. 이 문장에서 '중국어'는 주어가 아닌 목적어다. 그래서 이렇게 된다.

1. The food that I cook is more delicious.

2. I know the teacher that teaches Chinese.

사실 1번보다 2번이 더 어렵다. 1번은 명사 뒤에 주어, 동사가 나란히 나온다. 주어, 동사가 붙어 있으면 이해하기 쉽다. 그러므로, 이 문장의 that은 생략할 수 있다. 생략해도 이해하는 데 어려움이 없기 때문이다.

하지만 2번 문장은 다르다. that이 없다면 이 문장에서 동사가 2개가 된다. 이 문장의 동사는 know다. teaches는 앞에 that이 있으므로 '가르치는'이라는 형용사 역할을 한다. 이 문장에서 teach는 동사가 아니다. 그러므로, 이 문장에서 that은 생략하면 안 된다.

문법 용어로 1번은 목적격 관계 대명사, 2번은 주격 관계 대명사라고 부른다. 더 공부하고자 하는 분을 위해 문법 용어를 알려드렸다. 다시 강조하려고 한다. 내가 하고자 하는 말에 주어가 있으면, 명사 뒤에 주어를 쓰고 동사를 쓴다. 내가 하고자 하는 말에 주어가 없으면 that 뒤에 바로 동사를 붙인다. that 앞의 명사를 주어라고 생각하면 쉽다.

내 경험상 주격 관계 대명사가 영어에서 제일 어렵다. that이 나오고 갑자기 동사가 나와서 당황스러운 경우가 많았다. 말하기도 어렵고 듣기도 쉽지 않았다. 그래서 연습을 좀 많이 해야 한다.

다음의 말을 영작해보자. that을 잘 사용할 수 있는 나만의 쉬운 방법을 알려주겠다. 한국말이 뭉쳐 있다. **뭉쳐 있는 우리말의 끝을 잡고, 뒤에서 수식하는 말을 가져다 붙인다는 생각으로 말하면 쉽다.**

문제

1. 나는 지난번에 네가 먹은 음식을 주문하고 싶어.
2. 너는 골프 잘 치는 사람을 좋아해?
3. 지난주에 문을 연 식당에 가자.
4. 이것들은 내가 찍은 사진들이 아닙니다.

정답

1. I want to order the food that you had last time.
2. Do you like a person who plays golf well?
3. Let's go to the restaurant which opened last week.
4. These are not the pictures which I took.

해설

1. 주어, 동사, 목적어까지 써 주고, '네가 먹은'을 'you had'로 붙인다. 여기서 that은 생략 가능하다.
2. 한국어를 잘 보면, 너는 골프를 잘 치는 사람을 좋아하냐고 묻는 것이다. 너는 골프를 좋아하냐고 묻는 것이 아니다. Do you like a person을 쓰고, 사람이니까 who를 붙인다. 그런 다음, 그 사람이 골프를 잘 치는 것이니까 바로 동사 plays가 붙어야 한다. 사람이 3인칭 단수이니 play에 s가 붙었다. 동사 'play'가 'who plays'가 되어 '치는'이 되었다. 여기서 who는 생략할 수 없다. 생략하면, 이 문장에서 동사가 like인지, plays인지 모르기 때문이다.
3. Let's go to the restaurant까지는 이해될 것이다. restaurant 뒤에 주어가 없다. '지난주'나 '문'은 주어가 아니다. restaurant가 주어 역할을 하니, 동사 opened가 which 뒤에 바로 붙는다. '열다'라는 동사 open이 '연', 즉 which opened가 되었다. 여기서

which는 생략할 수 없다.
4. '내가 찍었던' 사진이다. 주어가 있을 때는 주어를 쓰고, 앞의 which는 생략 가능하다.

내 설명이 어렵다면, 3번을 학교에서 가르치는 방식으로 한번 설명해보겠다.

해당 문장을 두 문장으로 나누면 이렇게 된다.

Let's go to the restaurant와 The restaurant opened last week다. 이 두 문장을 연결하면 다음과 같은 문장이 된다. Let's go to the restaurant which the restaurant opened last week. 여기서 중복되는 단어가 the restaurant이므로 뒤에 하나를 생략하면 다음과 같이 바뀐다. Let's go to the restaurant which opened last week.

자신이 이해하기 좋은 방식으로 접근하면 된다. 나에게는 이 설명 방식이 어려웠으나, 이런 설명에 익숙한 학생들도 있었다. 자신이 어떻게 이해하든지 간에, 눈으로 보는 영어가 아닌 입으로 쉽게 나오는 영어를 배웠으면 좋겠다.

나는 관계 대명사 that을 설명하는 내용을 많이 봤지만, 이해되지 않을 때가 많았다. 주로 그것은 '두 문장을 한 문장으로 합치라'는 내용으로 이 문법을 설명하고 있었다. 관계 대명사 that은 두 문장을 한 문장으로 합칠 때 사용하는 문법이 아니다.

that은 명사를 수식하고 문장을 연결할 때 사용하는 방법이다. 내가 이렇게 설명했을 때 학생들도 고개를 끄덕이며 수긍하는 경우가 많았다. that 사용법에 익숙해지면 쉽게 긴 문장을 만들 수 있을 것이다.

4

의문사의 문장 연결법을 잘 알아두자

'아는 만큼 보인다'라는 말을 다들 한 번쯤 들어봤을 것이다. 이 말은 유홍준 교수가 《나의 문화 유산 답사기》에서 말한 이후 유명해졌다. 몰랐을 때는 안 보이던 것들이 알게 되는 순간, 놀랍도록 잘 보인다는 말이다.

나는 의문사가 문장 안에서 사용될 때 그런 생각이 든다. 다들 의문사라고 하면, 의문문을 만들 때만 사용한다고 생각한다. 의문사가 문장을 연결하는 방법을 알고 나면 '아는 만큼 보인다'라는 말을 실감할 것이다.

먼저 의문사는 무엇일까? 의문사는 'wh'가 앞에 붙은 단어로 우리가 무엇을 물어볼 때 사용하는 말이다. what, where, when, who, why,

how가 있다. '당신은 어디에 살아요?' 하고 물을 때, 'Where do you live?'처럼 맨 앞에 사용한다.

이 의문사가 의문문의 맨 앞이 아니라, 문장 가운데서 어떻게 사용되는지 보자.

다음의 문장을 영어로 말해보자.

1. 나는 그가 어디에 사는지 모른다.
2. 나는 누가 전구를 개발했는지 안다.
3. 나는 이 일이 얼마나 어려운 줄 몰랐다.

아마 이 부분이 어렵지 않았을까? '나는 모른다', '나는 몰랐다'까지는 'I don't know', 'I didn't know'로 했는데, 그다음 부분이 연결이 잘 안 되었을 것 같다. 우리가 영작할 때, 잘 안 되는 부분이 있다면 어느 부분이 어려운지 그 이유를 먼저 알아야 한다. 다음처럼 의문사가 문장 가운데 들어가 있어서 영작이 어려운 것이다.

1. 나는 그가 어디에 사는지 모른다.
2. 나는 누가 전구를 개발했는지 안다.
3. 나는 이 일이 얼마나 어려운 줄 몰랐다.

이는 다음과 같이 영작할 수 있다.

1. I don't know where he lives.
2. I know who invented the light bulb.
3. I didn't know how difficult this work was.

의문사가 문장 가운데 들어가면 영작이 쉽지 않다. 이 경우, 2가지를 기억하자.

첫째, 의문사가 문장에 들어가면 의문사 뒤에는 주어, 동사가 온다. 단, 의문사가 주어 역할을 할 때는 동사가 바로 온다. 무슨 말이냐 하면, 주어가 있으면 써주고 없으면 안 쓰면 된다. 앞에서 배운 관계 대명사 that과 비슷하다.

주어를 사용할지 말지는 내가 하고자 하는 한국말에서 찾으면 된다. 위의 1번 문장에서 의문사 where를 쓰고 주어, 동사를 붙여준다. 한국어로 하면, '나는 모른다', '어디에 그가 사는지'가 되는데, '어디에'가 '나는 모른다'와 '그가 산다'라는 두 문장을 연결하고 있다.

2번 문장을 보자. '나는 안다' 뒤에 '누구'라는 who를 붙였다. 그런데 주어가 없다. '전구'는 '~을', '~를'로 끝나니까 목적어다. 그러므로, who 뒤에 바로 동사 invented가 붙어야 한다. 의문사가 주어 역할을 대신하고 있다.

둘째, 의문사와 관련이 있는 형용사와 부사가 의문사 뒤에 붙는다. 그런 다음 주어와 동사가 오기도 하고 동사가 바로 오기도 한다.

3번 문장을 이렇게 만들지 않았을까? 'I didn't know how this work difficult was.' 이렇게 사용하면 안 된다. 이것은 사용하지 않는 잘못된 표현이다. 그러므로, 의문사 뒤에 형용사와 부사를 바로 붙여서 말해야 한다.

'I didn't know this work would be difficult' 혹은 'I didn't know this work was difficult'라고 말할 수도 있다. 하지만 나는 지금 의문사가 문장 가운데 왔을 때, 연결되는 방식을 설명하고 있다. 의문사 뒤에 바로 형용사와 부사를 붙이고, 그런 다음 주어와 동사 혹은 동사가 온다는 것을 기억하자.

영어는 조사가 없으므로 어순, 즉 말의 순서가 중요하다. 설명하고자 하는 말, 즉 의미 단위가 가까이 붙어 있는 것이 이해하기 쉽다. 한국어도 '얼마나 어려운지'다. 그래서 'how difficult'를 먼저 말하고, 뒤에 주어와 동사를 붙이는 것이 좋다.

다음 문제를 통해 의문사의 사용법을 조금 더 확실히 알아두자.

문제

1. 나는 그가 몇 살인지 모른다.
2. 그녀가 지금 어디에 있는지 말해줄래?
3. 나는 저 상자에 무엇이 들어 있는지 궁금하다.
4. 그는 그녀가 왜 울기 시작했는지 알지 못했다.

정답

1. I don't know how old he is.
2. Can you tell me where she is now?
3. I wonder what is in the box.
4. He did not know why she began to cry.

해설

1. how 뒤에 old를 바로 붙인다. how old 뒤의 어순은 주어, 동사다.
2. Can you tell me 뒤에 '어디에 그녀가 있는지'를 붙인다. where이 두 문장을 연결했다.
3. what이 의문사면서 주어로 사용된 경우다. '무엇이'라는 말이 주어다. 주어는 끝이 '~은, ~는, ~이, ~가'로 끝나는 주체가 되는 말이다. 의문사가 주어이기 때문에 의문사 뒤에 바로 동사를 붙이면 된다.
4. why가 he did not know와 she began to cry를 연결하고 있다. 즉 의문사가 접속사 역할을 하는 것이다.

우리는 이 장에서 의문사가 문장에서 어떻게 사용되는지 살펴봤다. 문장에서 의문사가 나오면 사용하기도 어렵고, 그 뒤의 어순도 헷갈린다.

의문사가 문장 가운데 들어가면 의문사 뒤의 순서는 내가 하고자 하는 말에 따른다. 주어, 동사가 올 수도 있고, 바로 동사가 올 수도 있다. 또한, 형용사와 부사가 의문사 바로 뒤에 온다는 것도 잊지 말자.

5

긴 문장을 위해서는 부사절과 친해져라

영어는 고급으로 갈수록 품사가 중요하다. 그 이유는 품사를 알아야 연결하는 방식을 결정할 수 있기 때문이다. 연결한다는 것은 영어를 길게 말할 줄 아는 것이다. 품사를 모르면 영어 문장을 만들기 어렵다. 또한, 자신이 만든 문장도 이것이 맞는지, 틀리는지 몰라 자신감이 떨어진다. 문장을 연결하는 마지막 방법, 부사절 접속사를 이해하기 위해서는 전치사와 접속사의 연결 방식을 알아야 한다.

먼저 부사절이라는 말의 뜻을 이해하고 넘어가자. 부사절은 부사처럼 문장을 수식하는 역할을 한다. 하지만 절이기 때문에 주어 동사가 있다는 말이다. 'I was late because I got up late(늦게 일어났기 때문에 나는 늦었다)'라는 이 문장에서 내가 왜 늦었는지를 설명하는 절이 부사절이 된다. 즉, 'because I got up late'이 부사절이다. 이처럼 부사절은 '~ 하므로', '~ 한다면', '~ 하는 동안', '~ 하지만', '~ 하는 때' 등으로 사용하는데, 주로 이유, 조건, 원인, 양보 등을 말할 때 사용한다.

이 부사절을 연결할 때 알아야 할 것이 전치사와 접속사다. 전치사는 뒤에 명사가 온다. 여기서 명사라는 것은 동사에 ing가 붙은 동명사까지 포함한다. 접속사는 뒤에 주어, 동사가 온다. 이게 전부다. 어려운 것은 없다. 전치사이면서 접속사인 것이 있다. 이런 것은 편하게 둘 다 사용하면 된다.

표로 정리하면 다음과 같다.

구분	전치사	접속사
연결 방식	명사 or 동명사(동사+ing)	주어, 동사

예를 들어, after를 사전에서 찾아보자. 전치사와 접속사라고 나올 것이다. 그러면 '저녁을 먹은 후'는 이렇게 말할 수 있다. 내가 전치사로 사용하면, after 뒤에 바로 dinner를 붙인다. 동명사를 붙이고 싶으면 eating을 사용하자. 'after eating dinner'가 된다. 접속사로 연결하고 싶으면 한국어에 없는 주어를 찾아서 넣어주자. 'after I eat dinner'가 되는 것이다.

이처럼 after가 전치사, 접속사라는 것을 아는 사람은 자유롭게 말을 붙일 수 있다. after의 품사를 모르는 사람은 자신이 외운 표현만 사용하게 된다. 외운 것을 잊어버리면 헷갈리고, 다른 사람이 말할 때도 미리 알고 들을 수가 없다. 그러므로, 항상 사전을 찾아서 품사를 확인하는 습관을 들여야 한다. before, since, until은 전치사이면서 접속사다.

'~하는 동안'이라는 말은 for, during, while로 말할 수 있다. for와 during은 전치사, while은 접속사다. for와 during의 사용법이 좀 다르다. for는 숫자적인 기간이 오고, during은 특정 시점이 온다. '3년 동안'이라고 한다면, 3이라는 숫자가 들어가니까 'for 3 years'가 된다. 여름 방학 동안은 'during summer vacation'이다. 특정 시점이기 때문이다.

while은 접속사니까 뒤에 주어, 동사가 온다. '내가 TV 보는 동안'이라고 한다면, while I am watching TV다. 그런데, 앞 절의 주어와 while 뒤의 주어가 동일하고 be 동사일 때는 주어와 be 동사를 생략할 수 있다. 주어와 be 동사를 생략하면, while watching이 되는데 얼핏 보면 watching이 동명사라서 while이 전치사라고 생각할 수 있다. 하지만, while의 품사는 접속사다. 접속사라는 것을 알아야 앞 절의 주어와 부사절의 주어가 다를 때 잘 사용할 수 있다.

좀 복잡하니 표로 정리하면 다음과 같다.

구분	for	during	while
의미	~동안	~동안에	~하는 동안
품사	전치사	전치사	접속사
사용 방법	숫자적인 기간	특정 기간, 이벤트 기간	동시에 일어날 때
예	for 3 years	during summer vacation	He called me while I was studying

* 비고 : while은 '~동안'이라는 뜻 외에 '~반면에'라는 뜻도 있음.

내가 'though 친구들'이라고 부르는 단어들이 있다. though, although, even though가 그것이다. 전부 접속사이기 때문에 뒤에 주어, 동사로 연결한다. '~하지만', '~에도 불구하고'라는 뜻이다. 이 though 친구들은 같은 뜻을 가진 전치사 in spite of, despite와 구분해야 한다. 뜻은 비슷하지만 연결되는 방식이 다르다는 것을 기억하자.

그럼 다음 예문을 영작해보자.

문제

1. 나는 식사를 하기 전에 손을 씻는다.
2. 내일 비가 오면 나는 거기에 안 갈 거야.
3. 날씨가 좋아서 나는 어제 개와 같이 산책했다.
4. 그는 10년 동안 그 회사에서 일하고 있다.
5. 내가 어릴 때, 나는 시청 옆에 살았다.

정답

1. I wash my hands before a meal.
   I wash my hands before I have a meal.
   I wash my hands before having a meal.
2. If it rains tomorrow, I will not go there.
3. I took a walk with my dog yesterday because of the good weather.
   I took a walk with my dog yesterday because the weather was good.
4. He has been working for (with) the company for 10 years.
5. When I was young, I lived next to City Hall.

해설

1. before가 전치사, 접속사이기 때문에 전부 사용 가능하다.
   단, 연결 방식은 다르다. 전치사 뒤에는 명사와 동명사가 온다. 접속사 뒤에는 주어와 동사가 온다. 한국어에서 주어가 생략될 때가 많아서, 영작할 때는 생략된 주어를 찾아서 넣어야 한다.
2. If는 접속사이므로 주어, 동사가 온다. it이 주어이고 rain이 동사다. it이 3인칭 단수 주어이므로 동사에 s가 붙었다. 날씨, 시각, 요일 같은 것이 주어로 사용될 때 주로 it을 주어로 사용한다. 주어로서 별 뜻이 없다. 이것을 문법 용어로 '비인칭 주어'라고 한다. 영어는 주어, 동사, 목적어 순서다. 그러므로, 말을 할 때 주어, 동사가 꼭 필요한데 무엇이 주어인지 잘 모를 때, it is를 사용하면 말이 빨리 나온다.
3. because of는 전치사다. 그래서 뒤에 명사가 와야 한다. because는 접속사이므로 뒤에 주어, 동사가 온다. because of와 because는 자주 사용하는 말이므로 차이점을 알아두도록 하자.
4. company 앞에 for나 with를 넣는다. 10년이라는 숫자적인 기간이 왔기 때문에 '~동안'을 for를 사용했다.
5. '~ 때'의 when은 접속사다. 그러므로, 뒤에 주어 동사가 왔다.

영어를 길게 말하는 방법 중 마지막 방법이 부사절 접속사로 연결하는 방법이다. 다른 2가지 방법, 즉 that과 의문사에 비해 쉬운 편이다. 전치사와 구분해서 사용할 줄 알고, 뒤에 주어와 동사를 바로 붙이면 된다.

여기서 부사절에 사용하는 모든 전치사와 접속사를 다루지는 않았다. 그것들이 나올 때마다 사전을 찾아서 품사를 확인하고, 사용법을 익혀두도록 하자.

6

긴 문장 말하기의 끝판왕 문장 만드는 법

긴 영어 문장을 만드는 방법은 3가지다. 전치사, 동사 변형, 문장으로 연결하는 방법이다. 문장으로 연결하는 방법은 that, 의문사, 부사절 접속사가 있다. 이 장에서는 that, 의문사, 부사절을 사용해서 문장을 만들어보려고 한다.

전치사와 동사 변형으로 연결하는 문장은 복잡하지 않다. 하지만 문장으로 연결하려면 수식이 들어가 있다. 이때 뭉쳐 있는 우리말의 끝을 잡아야 한다. 그런 다음 뒤에서 수식해서 가져다 붙인다. 영어는 후치수식이기 때문이다. 앞에서도 말했지만, 나는 이렇게 이해했을 때가 가장 쉬웠다. 뭉쳐 있는 한국어의 끝을 잡고 뒤에서 가져다 붙인다고 말이다.

1. that을 사용한 영작 연습을 해보자

삿포로 눈 축제는 2월에 일본에서 열리는 축제다.

이렇게 어려운 문장을 어떻게 영작하냐고 생각할지 모르겠다. 먼저 어순을 잡아보자.

삿포로 눈 축제는 / 축제다 / 열리는 / 2월에 / 일본에서

'매년 2월에 일본에서 열리는 축제'에서 보면, '매년 2월에 일본에서 열리는'이 '축제'를 수식하고 있다. 그러므로, 축제를 먼저 쓰고 뒤에서 서술하려고 한다. 그 사이에 that이 들어가서 축제를 수식할 것을 미리 신호로 알려준다.

완성된 문장은 이러하다.

The Sapporo Snow festival / is / a festival / that / is held /
(주어) (동사) (끝말) (연결) (수동태)

every February / in Japan.
(in으로 연결)

2. that을 사용해 두 번째 문장을 영작해보자

예술가들에 의해 지어진 매력적인 얼음 조각상들이 있다.

있다 / 매력적인 얼음 조각상들이 / 지어진 / 예술가들에 의해

'~에 있다'는 복수니까 There are를 사용하자. '예술가들에 의해 지어진 매력적인 얼음 조각상들'의 어순이 까다로울 수 있다. 뭉쳐 있는 우리말의 끝말은 '얼음 조각상들'이다. '매력적인'은 간단하니까 얼음 조각상들 앞에서 '얼음 조각상들'을 꾸미고, 나머지 내용은 '얼음 조각상들' 뒤로 보내자.

영어는 간단한 수식은 명사 앞에서, 복잡한 서술은 명사 뒤에서 한다.

There are	attractive ice sculptures	that	are built	by artists.
(주어)	(끝말)	(연결)	(수동태)	(전치사 + 행위자)

3. 의문사를 사용한 영작 연습을 해보자

내가 친구에게 내가 소설책을 읽는 것을 얼마나 즐기는지 말했을 때, 그녀는 내 생일에 한 권을 선물로 주었다.

영어 어순은 아래와 같다.

때 / 내가 / 말했을 / 친구에게 / 얼마나 / 내가 / 즐기는지 / 읽는 것을 / 소설책을, she gave one to me as a gift on my birthday.

'~때'는 when을 사용하자. when은 접속사이므로 뒤에 주어, 동사를 쓴다. '얼마나'는 의문사 how much, 의문사 뒤에는 주어, 동사를 쓴다.

완성된 문장은 아래와 같다.

When / I told my friend / how much / I enjoy / reading /
(접속사) (주어, 동사, 목적어) (의문사) (주어, 동사) (enjoy 동사 뒤에는 동사 ing만 사용)

novels, she gave one to me as a gift on my birthday.

4. 의문사 뒤의 어순에 유의하면서 다시 도전해보자

그것이 왜 마스크를 쓰는 것이 우리를 안전하게 지켜주는지에 대한 이유입니다.

영어 어순은 다음과 같다. 영어 어순은 스스로 생각하면서 천천히 훈

련해야 한다. 어순을 전부 알려주고 영작하라고 하는 책도 있었지만, 영어 어순을 잡는 것이 영어 실력이다.

그것이 / 이유입니다 / 왜 / 마스크를 쓰는 것이 / 지켜주는지 / 우리를 / 안전하게

That is / one reason / why / wearing a mask / keeps / us / safe.
(주어, 동사) (의문사) (주어) (동사) (안전하게)

의문사 뒤에는 주어, 동사를 쓴다. 의문사 뒤 주어가 너무 길어서 당황했을 수도 있다. '마스크를 쓰는 것'이 주어다. 주어로 사용하려고 동사 wear에 ing를 붙여서 wearing을 만들었다. 즉, wear a mask(마스크를 쓰다)가 wearing a mask(마스크를 쓰는 것)으로 바뀌었다.

우리말로 '안전하게'라고 하면 'safely'를 생각할 수도 있다. 하지만 영어는 품사 자리가 있다. keep, stay, remain, become 등의 동사 뒤의 자리는 형용사 자리다. 우리말로 부사처럼 '~하게'라고 해석되더라도 그 자리에는 형용사가 온다.

5. 이번에는 부사절을 이용한 영작 연습이다

저는 아픈 사람들을 돕고 싶어서 의사가 되고 싶습니다.

저는 / 되고 싶습니다 / 의사가 / 왜냐하면 / 저는 / 돕고 싶어서 / 아픈 사람들을

I want to be / a doctor / because / I want to help / sick people.
(주어, 동사) (접속사) (주어, 동사)

동사 want 뒤에 동사가 올 때는 to 동사가 온다. to 뒤는 동사 원형 자리인데, a doctor는 명사이므로 동사 원형 자리에 들어갈 수 없다. 그러므로, be 동사를 가지고 와서 to be a doctor가 되었다. because는 접속사이므로 뒤에 주어, 동사가 온다. 여기서 sick은 동사가 아닌 형용사다. 아픈 사람들, 즉 sick이 사람들을 꾸미는 형용사로 사용되었다.

전치사, 동사 변형과는 다르게 문장으로 연결하는 방법은 좀 복잡하다. 전치사, 동사 변형으로 표현이 안 되는 것을 문장으로 연결하기 때문이다. 내가 하고자 하는 말에 따라 that이나 의문사 뒤에 주어, 동사가 올 수도 있고, 바로 동사가 올 수도 있다. 부사절 접속사 뒤에는 주어, 동사가 온다.

문장, 즉 주어, 동사로 연결하려고 하면 주어가 없어서 난감할 때가 있다. 우리말은 주어가 없는 경우가 많다. 영작할 때, **우리말에 없는 주어를 찾아서 넣어야 한다는 것을 꼭 기억하자.** 어렵지만 좀 연습하면 어느 순간 주어가 보인다. 계속 영작 감각을 키우도록 하자.

지금까지 해오던 외우는 영어는 버리세요

1

긴 영어가 절실하다면 3가지 방법을 기억하자

나는 지금까지 영어 연결을 위해 전치사, 동사 변형, 문장을 사용해야 한다고 말했다. 이번에는 영어 단락을 보면서 3가지 방법이 어떻게 긴 영어를 만들고 있는지 보자.

다음 예문에서 전치사와 접속사를 이용한 문장 연결 부분을 찾아보자.

Recently, interest in the environment has been increasing. So, there are more people who are thinking about the environment when it comes to their diet. Changing eating habits can also help protect the environment.

최근 환경에 대한 관심이 높아지고 있다. 그래서 식생활에서도 환경을 생각하는 사람들이 늘고 있다. 식습관 변화를 통해 환경을 보호하는 것을 도울 수 있다.

문장 연결 부분은 다음과 같다.

Recently, interest in the environment has been increasing. So, there are more people who are thinking about the environment when it comes to their diet. Changing eating habits can also help protect the environment.

'환경에 대한 관심'이라는 말을 만들어보자. 이런 말을 하려고 하면 보통 '환경'을 먼저 말하려고 한다. 우리말의 순서가 그렇기 때문이다. 먼저 환경을 말하고 관심을 연결한다고 하자. 아마 environment of interest나 environment's interest로 하지 않을까? 이것은 좀 이상하다. 영어의 수식 구조는 한국어와 다르다. 영어는 명사를 가운데 두고 간단한 수식은 명사 앞에서, 복잡한 서술은 명사 뒤에서 한다. 그러므로, 한국어의 뭉쳐 있는 끝말 '관심'을 먼저 말하고, 전치사 in으로 '환경'을 연결해야 한다.

두 번째 문장을 보면, '식생활에서도 환경을 생각하는'이 '사람들'을 수식하고 있다. 따라서, people을 쓰고 who를 사용한다. 사람들이 생각하는 것이다. 그러므로, '생각하다'라는 동사가 who 뒤에 붙으면 된다. 진행의 느낌을 강조하기 위해 현재 진행형 are thinking으로 표현했다.

when it comes to는 '~에 관한', '~에 대해'라는 영어 숙어다. 외워두면 좋은 표현이다. 원어민들이 자주 사용하는 이런 표현을 모르면, 리스닝할 때 어려울 수 있다. '언제 온다고?'라고 듣게 되는 것이다. 원래 자기가 아는 단어 위주로 들리는 법이다. 그러니, 자주 사용하는 관용적인 표현들은 기억하도록 하자. 동사 change를 동명사 changing으로 바꾸어 주어로 사용했고, 동사 eat을 eating으로 바꾸어 habit을 수식했다. help 뒤에 있는 protect는 동사가 아니다. '보호하다'가 아닌 '보호하는 것을'이라는 뜻으로 사용되었기 때문이다.

두 번째 예문에서도 문장 연결 부분을 찾아보자.

Because of the livestock industry, 90% of the Amazon rainforest has disappeared. Currently the livestock and meat industries' greenhouse gases are the main culprit for the damage to the environment. How can we protect the environment through our diet? I will introduce the most important way.

* livestock 가축 rainforest 우림 disappear 사라지다 greenhouse gases 온실가스 culprit 장본인, 범인

축산업 때문에 아마존 열대 우림의 90%가 사라졌다. 오늘날 축산업과 육류 산업은 온실가스, 환경 파괴의 주범이다. 우리가 먹는 식단에서 환경을 보호하려면 어떻게 해야 할까? 여기서 가장 중요한 한 가지 방법을 소개하고자 한다.

문장 연결 부분은 다음과 같다.

Because of the livestock industry, 90% of the Amazon rainforest has disappeared. Currently the livestock and meat industries' greenhouse gases are the main culprit for the damage to the environment. How can we protect the environment through our diet? I will introduce the most important way.

Because of는 전치사이므로 뒤에 명사가 왔다. 만약에, because를 사용했다면 주어, 동사가 왔을 것이다. 갑자기 사라진 것이 아니라 과거부터 지금까지 계속 사라져가고 있으므로 has disappeared를 사용했다. 위의 예문에서는 주로 전치사로 연결했다. 영어는 명사 위주의 언어이기 때문에 전치사만으로 연결 가능한 경우가 많다.

마지막 예문을 통해 문장 연결 부분을 찾아보자.

The best way is to replace red meats with plant-based protein. Instead of eating beef and lamb, eat beans and peas.

Beans supply fiber and vitamin B. They also help prevent certain cancers and heart diseases. If you think about your health and the environment, you should eat plant-based proteins instead of protein from animals.

* fiber 섬유소 certain 특정한 cancer 암 heart disease 심장병 protein 단백질

가장 좋은 방법은 붉은색 고기를 식물성 단백질로 대체하는 것이다. 쇠고기와 양고기 대신 콩과 완두콩을 먹는 것이다. 콩은 섬유소와 비타민 B를 공급한다. 그리고 특정 암과 심장 질환 예방을 돕는다. 건강과 환경을 생각한다면 동물성 단백질 대신 식물성 단백질을 먹어야 한다.

The best way is to replace red meats with plant-based protein. Instead of eating beef and lamb, eat beans and peas. Beans supply fiber and vitamin B. They also help prevent certain cancers and heart diseases. If you think about your health and the environment, you should eat plant-based proteins instead of protein from animals.

위의 첫 문장에서 to가 없으면 안 된다. to가 없으면 is가 동사인지, replace가 동사인지 모르기 때문이다. 동사 replace가 to replace로 바뀌어서 '대체하는 것'이 되었다. 'plant-based protein'에서 동사 base가 동사 수동형 based로 바뀌어서 protein을 꾸미고 있다. 즉, 형

용사 역할을 하는 것이다. help 뒤의 동사 prevent도 동사 아니다. 여기서 '예방하다'가 아닌 '예방하는 것을'로 사용되었기 때문이다. help 뒤에 동사가 연결될 때 동사 원형이나 동사의 목적형이 온다. instead of는 전치사이므로 뒤에 명사 protein과 동명사 eating이 연결되었다.

전치사, 동사 변형, 문장을 사용해서 긴 영어를 만들 수 있음을 확인했다. 이 3가지 방법을 적절하게 사용한다면, 다양하고 풍부한 영어 문장을 만들 수 있다. 다음 장에서 문장 연결 방식을 다시 보기로 하자.

2

답은 패턴이 아니라 문장 연결이다

한국 사람 5명 중 1명은 허리가 아프다. 나도 그중 1명이다. 척추 질환을 주로 보는 의료 기관은 정형외과, 신경외과, 마취 통증 의학과, 재활 의학과, 한방 병원 등이다. 너무 많아서 어디를 가야 할지 몰라서 망설이게 된다. 병원을 선택하는 것보다 더 중요한 것은 적정 체중과 바른 자세다. 이것 없이 간단한 시술과 한 번의 수술로 통증을 해결하는 방법은 없다.

영어도 마찬가지다. 영어에서 적정 체중은 어휘, 바른 자세는 문법이다. 이것이 기본 바탕이 되어야 한다. 어휘는 암기, 문법은 이해다. 이번 장에서는 우리가 지금까지 배운 문장 연결 고리들이 실제 문장에서 어떻게 사용되는지 살펴볼 것이다. 이것을 이해하면 어떤 문장도 말하고 해석할 수 있는 힘이 생긴다.

아래 문장에서 몇 개의 전치사와 동사 변형이 문장을 만들고 있는지 찾아보자.

I pressed the withdrawal button to take out cash from the ATM to pay for my delivery.

* withdrawal 인출

나는 배송비를 지불하기 위해 현금 지급기에서 돈을 찾으려고 인출 버튼을 눌렀다.

전치사는 from과 for를 사용했다. 동사는 take out을 to take out으로, pay를 to pay로 바꾸었다. 동사의 목적형으로 바꾸어 연결한 것이다.

알아보기 쉽게 연결 부분만 표시하면 아래와 같다.

I pressed the withdrawal button to take out cash from the ATM to pay for my delivery.

다음 문장에서 전치사와 문장으로 연결한 부분을 찾아보자.

I made a toast to someone who sat with me at the bar.

* make a toast 건배하다

나는 bar에서 나와 같이 앉아 있는 사람과 건배를 했다.

전치사와 문장 연결 부분은 다음과 같다.

I made a toast to someone who sat with me at the bar.

이 문장에서 전치사 3개와 문장 연결 방식인 who가 사용되었다. toast는 명사, 동사로 '건배' 혹은 '건배하다'로 사용되기도 한다. 우리가 아는 그 빵 toast다. 이 문장을 'I made a toast who sat with me at the bar'라고 말하는 학생들이 많다. 영어의 연결 방식은 명사를 먼저 말하고 나서 전치사, 동사 변형, 문장으로 이어주는 방식이다. 이 말은 who 앞에 who와 관계 있는 명사가 있어야 한다는 말이다. 명사가 있어야 who로 연결해서 그 명사를 설명할 수 있기 때문이다. 그러므로, someone이 없으면 안 된다.

조금 긴 문장에 도전해보자. 문장이 얼마나 길게 연결될 수 있는지 보여주려고 일부러 만든 예문이다. 실제 생활에서는 끊어서 말하는 것이 이해하기 좋을 것이다.

I had my hand in the air screaming with joy as a few people were cheering me on while I was driving the bumper car at the park.

나는 공원에서 범퍼카를 운전하는 동안 몇몇 사람들이 나를 응원했기 때문에 기쁨의 소리를 지르며 공중에 손을 들었다.

조금 긴 문장이므로, 연결 부분과 의미 단위를 끊어서 보면 다음과 같다.

I had my hand in the air / screaming with joy / as a few people were cheering me on / while I was driving the bumper car / at the park.

여기서 동사 scream이 screaming으로 바뀌었다. '소리를 지르다'를 '소리를 지르며'로 바꾸어 연결하기 위해서다. as와 while이 접속사로 사용되어 뒤에 주어와 동사가 왔다. be 동사와 같이 사용된 현재 진행형 동사 cheering과 driving은 연결 방식에서 제외했다.

이번에는 접속사와 의문사가 사용된 다음의 영어 단락을 보자.

The Hwacheon Sancheoneo Ice Festival in Gangwan-do is a

famous regional festival that represents what Korean festivals are all about. 500,000 Mountain Trout are released under ice the size of 8 soccer fields. Participants can experience various winter activities such as ice fishing, snow sledding, and ice sledding.

* Hwacheon Sancheoneo 화천 산천어 Mountain Trout 산천어 Participant 참가자

강원도 화천 산천어 축제는 대한민국을 대표하는 유명한 지역 축제다. 축구장 8개 크기의 얼음 위에서 50만 마리의 산천어를 방류한다. 참가자들은 얼음낚시, 눈썰매, 얼음썰매 등 다양한 겨울 체험 활동을 즐길 수 있다.

연결 부분은 아래와 같다.

The Hwacheon Sancheoneo Ice Festival in Gangwan-do is a famous regional festival that represents what Korean festivals are all about. 500,000 Mountain Trout are released under ice the size of 8 soccer fields. Participants can experience various winter activities such as ice fishing, snow sledding, and ice sledding.

첫 문장을 보자.

강원도 화천 산천어 축제는 대한민국을 대표하는 유명한 지역 축제다.

대부분의 학생들이 위의 문장을 아래와 같이 영작한다.

The Hwacheon Sancheoneo Ice Festival in Gangwan-do is a famous regional festival that represents Korean festivals.

이렇게 영작해도 괜찮지만, 원어민들의 감각은 좀 다르다.

원어민들은 '강원도 화천 산천어 축제는 대한민국의 축제가 어떤 것인지 보여주는 유명한 축제다'라고 생각하고 말하는 것이다. 조금 더 생동감이 느껴지는 표현이다. 문장에서 의문사 what을 사용했고 주어, 동사로 연결했다. 우리말에 없는 의문사를 넣어서 영작하는 감각을 당장 가지기는 어렵다. 우리말에 없지만, 의문사로 표현된 영어 문장에 유의하면서 반복적으로 영어 문장을 접하다 보면, 어느 순간 이런 자연스러운 감각이 생긴다.

단어는 외워야 한다. 모르는 단어가 많이 나오면 어렵고 당황하게 되어 독해와 영작을 포기하게 된다. 단어를 암기한 후 전치사, 동사 변형, 문장이 각각 어떻게 영어 문장을 만들고 있는지 보면 이해하기 쉽다.

중학교 수준의 단어만 알아도 영어로 일상 대화를 하는 데 문제가 없다. 자신이 단어를 잘 모른다고 생각하면, 중학교 단어집을 사서 외우기를 권한다. 단어와 연결 방식만 알면 영작은 그렇게 어렵지 않기 때문이다.

3

영어 강사들도 모르는 긴 문장 만드는 법

영어 강사는 두 부류로 나뉜다. 영어 전공자와 비전공자라고 생각할지도 모르겠다. 나는 이렇게 나눈다. 본인만 영어를 잘하는 사람과 남을 잘 가르치는 사람이다. 어릴 때 영미권으로 유학 가서 오랫동안 외국에서 공부하고 온 강사들은 원어민처럼 영어를 잘한다.

그들은 영어가 한국어보다 더 편하다. 어릴 때부터 영어에 노출되어 자연스럽게 영어를 받아들였다. 그래서 그들은 학원에 영어를 배우러 오는 사람들이 무엇을 어려워하는지 잘 모른다. 학생들이 궁금한 것을 물어보면 원래 그렇다고 말한다. 본인들에게는 원래 그런 것이니 어쩌면 당연한 말이다.

반면, 잘 가르치는 강사는 고민을 많이 한 사람이다. 학생들이 무엇을 어려워하고, 왜 말이 안 나오는지 지켜보고 관찰한 사람이다. 어떻게 설명해야 학생들이 쉽게 이해하는지 경험과 관찰을 통해 알게 된 사람이다. 당신이라면 어느 강사에게 배우고 싶은가?

'전 세계의 사람들'을 말할 때, 그것은 'people all over the world'라고 말하고 넘어간다고 하자. 그 당시에는 학생들이 알지 모른다. 나중에 'people around the world'라는 말이 나오면 전에 배웠던 표현과 헷갈린다.

강사가 영어에서 명사가 연결되는 방식을 이해하고 있다면, 먼저 people을 말하고 over나 around로 연결하면 된다고 설명하지 않을까? over와 around는 부사이면서 전치사다. over는 위에 있는, around는 주위에 둘러싸고 있는 뉘앙스다. 무엇을 사용해도 좋다. 명사와 전치사 연결 방식에 대해 모르는 강사들은 이런 설명 없이 그냥 넘어간다.

이제 다음 문장을 영작해보자.

아이들은 보통 매일 10시간 동안 잠을 잔다. 충분한 수면을 취하는 것은 중요하다. 만약, 충분한 수면을 취하지 않는다면, 아이들은 좀 부정적인 영향을 경험할 수 있다. 새로운 개념을 이해하기 위해 힘들게 애써야 할 것이다. 또한, 문제를 푸는 데 어려움을 겪을 수 있다. 잠을 충분히 자는 것은 집중하고 사물을 기억하도록 도와준다.

이렇게 어려운 내용을 어떻게 영작하냐고 놀랄 수 있다. 천천히 생각하면 할 수 있다.

먼저, 첫 문장을 보자.

아이들은 보통 매일 10시간 동안 잠을 잔다.

1. 주어, 동사를 쓴다 : Children sleep
2. '동안'은 전치사 for를 사용하고, 10시간은 's'를 붙인다 : Children sleep / for 10 hours
3. 빈도 부사 usually는 일반 동사 앞에 위치하므로 sleep 앞에 넣는다. 부사인 every day는 마지막에 넣는다 : Children usually sleep / for ten hours / every day

충분한 수면을 취하는 것은 중요하다.

1. '자다'를 '자는 것'으로 만들기 위해 ing를 붙여서 주어로 사용한다 : sleeping
2. 동사 is를 넣고 '중요한'이라는 형용사를 넣는다 : sleeping is

important

3. '충분한'은 enough를 사용한다 : Sleeping enough / is / important

4. '잠을 자다'는 get sleep도 많이 사용한다. 이런 문장도 가능하다.
   1) 동사 ing를 주어로 사용하려면 : Getting enough sleep is important.
   2) 결론부터 먼저 말한다면, it's important를 말하고 to로 연결한다 : it's important to get enough sleep.

만약에 충분한 수면을 취하지 않는다면 아이들은 부정적인 영향을 경험할 수 있다.

1. '만약에'는 If를 사용한다. If는 접속사이므로 뒤에 주어, 동사가 온다 : If they don't get enough sleep
2. 조동사 might로 추정하는 느낌을 살린다. 조동사 뒤에는 동사 원형 experience를 사용한다 : they might experience
3. 부정적인 영향은 negative effects를 사용하자. 이것은 명사이므로 앞에 '조금'을 뜻하는 some을 붙이자. some을 찾아서 넣는 것이 어려울 수 있을 것 같다 : If they don't get enough sleep, they might experience some negative effects.

새로운 개념을 이해하기 위해 힘들게 애써야 할 것이다.

영어와 우리말의 가장 큰 차이 중 하나는 우리말은 주어가 없다. 영작할 때는 우리말에 없는 주어를 찾아야 한다.

1. 주어 they를 넣고 '할 것이다' will을 사용하자 : they will
2. '애쓰다'는 struggle이라는 동사를 사용하자. struggle 뒤에 명사가 오면 with로, 동사가 오면 to로 연결하자. 무조건 struggle with로 외우면 곤란하다 : They will struggle / to learn / new concepts.

또한, 문제를 푸는 데 어려움을 겪을 수 있다.

주어를 넣고, 뉘앙스는 may로 살리고, may 뒤에는 동사 원형이 온다. 어려움을 겪다는 have difficulty를 쓰자. 여기서 difficulty는 명사다 : Plus, they may have difficulty

'풀다'가 아닌 '푸는'이다. 동사 solve를 solving으로 바꾸어야 한다 : Plus, they may have difficulty / solving problems.

잠을 충분히 자는 것은 집중하고 사물을 기억하도록 도와준다.

1. '잠을 충분히 자는 것'은 sleeping enough를 주어로 사용하

자. 목적어 자리에 있는 them은 넣어도 되고 안 넣어도 된다. Sleeping이 단수이므로 동사에 s를 붙인다 : Sleeping helps them

2. '집중하다'를 '집중하는 것'으로 바꾸고, '기억하다'를 '기억하는 것'으로 바꾸기 위해 동사 앞에 to를 붙인다. and로 연결하고, 반복되는 두 번째 to는 생략한다 : Sleeping enough helps them / to concentrate / and / remember things.

이렇게 해서 우리가 영작한 문장은 다음과 같다.

Children usually sleep for ten hours every day. Sleeping enough is important. If they don't get enough sleep, they might experience some negative effects. They will struggle to learn new concepts. Plus, they may have difficulty solving problems. Sleeping enough helps them to concentrate and remember things.

이제 문장을 연결한 전치사, 동사변형, 접속사는 빨간색으로 표시해 보자.

Children usually sleep for ten hours every day. Sleeping enough is important. If they don't get enough sleep, they might experience some negative effects. They will struggle to learn new concepts. Plus, they may have difficulty solving problems. Sleeping enough helps them to concentrate and remember things.

영작을 잘하기 위해서는 3가지 연결 방법 외에 몇 가지 요령이 필요하다.

우리말은 주어가 없다. 영작할 때는 주어를 찾아서 필요한 자리에 넣어주어야 한다. 우리말도 주어 없이 길게 써놓으면 누가 행동의 주체인지 몰라서 몇 번이나 읽어야 하는 때가 있다. 영어는 주어 없는 문장이 거의 없다. 영작할 때, 우리말에 없는 주어를 찾아서 넣어주는 것이 중요하다.

느낌과 뉘앙스를 위해 조동사를 사용하고, 조동사 뒤는 동사 원형을 쓴다. 전치사 뒤에는 명사나 동명사가 온다는 것도 기억하자. 부사는 문장 전체를 수식하므로 어디에 위치해도 좋지만, 가까운 의미 단위에 붙어 있는 것이 이해하기 쉽다.

이런 연결 방법과 요령을 이해하고 나서, 영어 문장을 외우면 암기 효과가 훨씬 좋다. 무작정 외울 때와 비교할 수 없을 만큼. 한국어를 보면서 계속 영작하는 연습을 하고, 자신이 말한 문장과 영작 문장이 어디가 차이 나는지 확인하자. 차이 나는 부분은 대부분 문법이 들어가 있다. 그 부분에 사용된 문법을 이해하면 영작하는 데 도움이 될 것이다.

길게 말할 수 있어야 진짜 영어다

이제 영어를 길게 말하는 방법을 알게 되었을 것이다. 3가지 방법을 사용해서 조금 더 긴 영어 문장을 만들어보자. 영작에서 정해진 답은 없다. 원어민들이 더 자주 사용하는 자연스러운 표현이 있을 뿐이다.

첫 번째 단락이다.

신문 지면에 하루도 빼먹을 수 없는 코너가 있다. 오늘의 운세다. 인터넷에 조금이라도 늦게 올라가면 항의 전화가 여러 통 온다. 그만큼 애독자가 많다는 뜻이다.

____ __ a section in the newspaper ____ you just can't miss.

That section is "Today's Fortune." __ it's uploaded on the internet even a little late, there are many complaints. That's how many ______ readers there are.

아래와 같은 연결 고리들이 사용되었다.

There is a section in the newspaper that you just can't miss. That section is "Today's Fortune." If it's uploaded on the internet even a little late, there are many complaints. That's how many devoted readers there are.

* that's how 그런 것이다 devote 바치다, 헌신하다

우리말로 '있다'라고 할 때, 단수는 There is, 복수는 There are를 사용한다. a section이 단수라서 There is를 사용했다. '빼먹을 수 없는'이라는 말은, 주어를 넣어서 '네가 놓쳐서는 안 되는'으로 바꾸어서 영작했다.

여기서 '네가 놓쳐서는 안 되는'이 '코너'를 수식하고 있다. '신문'을 수식하는 것이 아니다. that 앞에 신문이 있어서 신문을 수식한다고 생각할 수도 있다. 하지만 '코너'가 that과 떨어져 있어도 that 뒤에 있는 말의 의미가 '코너'를 수식하는 것이라면, 자동으로 '코너'를 수식하게 된다. that 앞의 명사를 that 뒤에서 설명하는 것이 일반적이다. 하지만

이 예문처럼 that 뒤에서 설명하는 말이 바로 that 앞에 있지 않고 좀 떨어져 있을 수도 있다.

It's uploaded는 동사 upload를 사용한 수동태 문장이다. 우리는 'be 동사 + 과거 분사(P.P)'는 '수동태'라고 배웠다. 수동태라고 하면 왠지 어렵게 느껴진다. 꼭 수동으로 해석을 해야 할 것 같기 때문이다. 이렇게 이해하면 어떨까? be 동사는 '~이다'라는 상태를 나타내고, 뒤에 있는 uploaded는 ed가 붙어서 형용사이면서 수동의 느낌이다. 그러므로, '업로드 되어 있는 상태'를 말한다고 생각하면 좀 쉬울 것 같다.

'애독자'라는 말을 동사 devote의 수동형 devoted를 사용해서 표현했다. 즉, devoted는 readers를 꾸미는 형용사 역할을 하고 있다.

두 번째 단락이다. 수식하는 말이 복잡하고 길어질수록 전치사나 동사 변형보다는 that이 많이 사용된다는 것을 기억하면서 읽어보자.

요즘 사주풀이와 타로카드 수업이 대호황이다. 삶이 혼란스러운 20대와 30대의 수강생이 많다. 인터넷으로 무료로 사주풀이를 해주는 사이트도 있다. 진로와 연애를 알려주는 타로카페는 젊은 커플들에게 인기가 많다.

Fortune-telling and tarot card classes are booming these days. There are many attendees in their 20's and 30's ____ are confused in life. There are also websites ___ do fortune telling for free. Cafes ___ offer fortune telling about one's career or love life are popular with young couples.

* fortune telling 점, 사주풀이 tarot card 타로카드 boom 대유행, 호황이다

Fortune-telling and tarot card classes are booming these days. There are many attendees in their 20's and 30's who are confused in life. There are also websites that do fortune telling for free. Cafes that offer fortune telling about one's career or love life are popular with young couples.

'삶이 혼란스러운'이라는 말이 '수강생'을 꾸미고 있다. 앞에서 설명했듯이 수식을 받는 명사가 who와 떨어져 있을 수 있다. '수강생이 많다'라는 말은 '수강생이 많이 있다'로 생각하면 바로 영작할 수 있다. 예를 들어, '법을 공부하는 사람들이 많다'라는 문장을 '법을 공부하는 많은 사람들이 있다'로 바꾸는 것이다. 그러면, 'There are many people who study law' 하고 좀 쉽게 말이 나올 것이다.

여기서 사용된 who, that을 보면, 다음처럼 who와 that 뒤에 바로 동사가 나온다.

1. 수강생 + who + 삶이 혼란스러운(are confused)

2. 웹사이트 + that + 해주는(do)

3. 카페 + that + 알려주는(offer)

that 앞에 있는 수강생, 웹사이트, 카페가 주어 역할을 하고 있기 때문이다. 명사를 수식하는 방식이 우리말과 달라서 영 어색하다. 처음에 어려워했던 학생들도 시간이 지날수록 익숙해지는 것을 봤다. 계속 반복하면 익숙해진다.

마지막 단락이다.

어떤 사람들은 이런 것을 신뢰하고 그에 따라 행동한다. 어떤 사람들은 미신이라 생각한다. 나는 이런 것들은 그냥 인생의 즐거움과 재미라고 생각한다. 미래를 완벽하게 예측할 수 있는 사람은 아무도 없다. 미래는 자신의 선택과 노력으로 만들어가는 것이다.

_____ people trust these fortunes and act accordingly, but _____ think it is just a superstition. I think these fortunes are just ___ fun. There is no one ____ can perfectly predict the future.

One must create their own future _______ their own choices and hard work.

* accordingly 그에 따라 superstition 미신 predict 예측하다

Some people trust these fortunes and act accordingly, but others think it is just a superstition. I think these fortunes are just for fun. There is no one that can perfectly predict the future.

One must create their own future through their own choices and hard work.

여기 some과 others라는 표현이 나온다. 우리가 어떤 말을 할 때, 두 부류가 있고, 그 부류가 복수일 때가 있다. 그럴 때, some과 others를 사용하면 좋다. 예를 들어, '어떤 사람들은 매운 음식을 좋아하고, 어떤 사람들은 단 음식을 좋아한다' 하고 말할 때, 'Some people like spicy food, others like sweet food'라고 하면 된다.

우리가 명사를 먼저 말하고 that을 붙이고 수식해야 하는데, 무슨 명사를 말해야 할지 모를 때가 있다. 이럴 때 사용하면 좋은 것이 one이나 thing이다. 여기서처럼 사람이라서 person을 사용해도 되지만, one을 사용해도 좋다. must는 조동사이므로 뒤에 동사 원형 create가 왔다.

복잡하고 어려운 내용도 전치사, 동사 변형, 문장으로 연결 고리만 잘 사용하면 영작할 수 있다. 문장 연결 고리로 서로 연결시켜주고, 자기 자리에 맞는 품사를 넣어주자. 그리고 많이 사용하는 관용적인 표현을 쓰면 영어 문장이 완성된다.

5

이제는 긴 영어만이 살아남는다

3가지 문장 연결 방식에 유의하면서 긴 영어 문장을 만들어보자. 영어 회화에 필요한 문법은 반복적으로 계속 나온다. 처음에는 어렵다고 느껴도 계속 접하다 보면 익숙해진다. 당장 이해 안 되는 부분은 그냥 넘어가고, 다음에 나올 때 이해하면 된다.

이번 장의 주제는 한국의 저출산 이야기다. 다음 문장을 영작해보자.

한국의 저출산 문제는 심각하다. 지난해 우리나라 출산율은 0.6명대로 떨어졌다.

영어는 주어, 동사로 시작하고 목적어나 보어가 있으면 붙이자. 한국의 저출산 문제를 주어, 동사는 is로 해서 연결하자. 출산율은 fertility rate나 birth rate를 사용하자. 단어만 안다면 어렵지 않을 것이다.

Korea's low birth rate is a serious problem. Last year, Korea's fertility rate fell to 0.6 people.

두 번째 문장이다.

여성들은 아이를 낳고 복직하지 못하는 주변, 동료들을 보고 육아와 출산을 포기한다.

우리말은 주어를 잘 사용하지 않는다. 영어는 주어가 없으면 말을 시작하거나 연결할 수 없을 때가 많다. 그러므로, 필요한 곳에 주어를 넣어주자. 또한, 우리말과 영어는 일대일 대응이 되지 않는다. 우리말의 핵심 의미 위주로 영작을 해야 한다. 즉, 우리말을 있는 그대로 영어로 옮기려고 하지 말고, 버릴 부분은 과감히 버려야 한다.

이 문장은 문장을 이해하는 관점에 따라 영어 문장의 구조가 달라질 수 있다. 여성들이 주변 동료들을 보고 출산을 포기하는 것인지, 여성들이 주변 동료들이 복직하지 못하는 것을 보고 출산을 포기하는지에 따라 문장이 달라질 수 있다.

첫 번째 의미라고 한다면, 다음와 같이 영작할 수 있다.

When women see coworkers who cannot return to work after having children, they give up on having children themselves.

'아이를 낳고 복직하지 못하는'이 '주변 동료'를 수식하는 구조다. 동사 give up on을 사용했다. 동사 give up on은 '~ 하는 것을' 포기하는 것이라 뒤에 having으로 연결했다. give up과 give up on은 의미상 조금 차이가 있다. give up은 어떤 일 자체를 포기하는 것이고, give up on은 희망이나 의지를 포기할 때 사용한다. 여기서는 give up on이 더 자연스럽다.

두 번째 의미라고 한다면, 아래와 같이 영작할 수 있다.

When women see that coworkers cannot return to work after having children, they decide not to have children themselves.

그런 상황을 여성들이 보는 것이다. 동사 decide를 사용했고, 뒤에 to 동사를 사용했다. to 동사를 부정할 때는 to 동사 앞에 not을 넣는다.

다음 문장이다.

여성들은 자녀를 가지면 직장을 떠나야 한다고 걱정한다.

worry와 worried 중에서 어느 것을 사용해야 하는지 고민하는 학생들이 있다. worry는 '걱정하다'라는 동사이며, worried는 '걱정하는'이라는 형용사다. 형용사는 be 동사와 같이 사용한다. 이처럼 품사를 모르면 말을 연결할 수 없어서 망설이게 된다.

동사 worry를 사용해서 that으로 연결한다면, 다음과 같이 말할 수 있다.

If they have a child, they worry (that) they will have to quit working.

형용사 worried를 사용하고, 전치사 about을 사용한다면 아래와 같이 표현할 수 있다.

If they have a child, they are worried about quitting working.

둘 다 사용할 수 있지만, 첫 번째 문장이 더 자연스럽다. worry는 동사로 일반적인 걱정이 있을 때 사용한다. worried는 형용사며, 형용사는 상태를 나타낸다. 어떤 사건이 생겨서 걱정하고 있는 상태를 말한다. 그러므로, 여기서는 worry가 더 자연스러운 것이다.

다음 문장이다.

여성들은 그들의 배우자가 아이들을 돌보고 집안일을 하기를 원한다.

우리가 I want라는 표현에는 익숙하다. 내가 원하는 것이다. 내가 남에게 원할 때는 어떻게 해야 할까? 그럴 때는 want 뒤에 바로 남, 즉 대상을 넣으면 된다. 동사 want는 뒤에 동사가 올 때 to 동사만 온다.

Women want their spouse to help take care of the children and do house chores.

* spouse 배우자

다음 문장이다.

저출산 문제는 해결하기 어렵다.

저출산 문제를 주어로 정할지, 아니면 어렵다는 결론부터 말할지에 따라 문장이 달라진다.
저출산을 주어로 한다면, 다음과 같은 문장이 가능하다.

The low birth rate issue is difficult to solve.

어렵다는 결론부터 먼저 말한다면 아래와 같은 표현이 나온다. 여기서 유의할 점은, 내가 어려운 것이 아니다. I'm difficult 혹은 I'm hard라고 말하는 학생들이 많다. 내가 어려운 것이 아니라 그것이 어려운 것이다. 주어를 It으로 해야 하는 이유다.

It is difficult to solve the low birth rate issue.

마지막 문장이다.

만약에 우리가 여성들이 원하고 필요로 하는 것에 더 관심을 기울인다면, 더 나은 사회를 만들 수 있다.

여기서 '여성들이 원하고 필요로 하는 것'이 영작하기 어려울 수 있다. what을 사용해서 주어와 동사로 연결하면 좋다. '여성들이 원하고 필요로 하는 것' 혹은 '무엇을 여성들이 원하고 필요로 하는지'와 같이 해석할 수 있다.

여기서 what이 접속사인데 목적어 역할을 하므로 what 뒤에 주어, 동사가 와야 한다. 전치사는 to도 좋지만, 풍부한 표현을 위해 towards를 사용해보자. 둘 다 '~로'라는 뜻이지만, to는 명확한 목적지가 있는 도착의 의미로 사용한다. 반면에, towards는 도착 여부와 상관없이 방향을 가리킬 때 사용한다. toword는 미국, towards는 주로 영국에서 사용하는데 의미 차이는 없다.

If we pay more attention to what women want and need, we can make process towards a better society.

영작 연습을 하면서 전치사, 동사 변형, 문장이 어떻게 긴 영어를 만드는지 이해하게 되었을 것이다. 연결 방식에 따라 다양한 문장이 가능하므로 문장을 외우지 않아야 한다는 것도 이해했으면 좋겠다.

나는 특정 문법이 나올 때 세부적인 내용을 모두 언급하지 않았다. 우선 큰 그림을 그리고 나서 자세한 내용은 나중에 따로 공부하면 되기 때문이다. 큰 그림은 문장 연결 방식이다. 영어 문장을 만드는 방법, 그리고 길게 연결하는 방법을 이해하는 것이 제일 중요하다.

6

쭉쭉 길어지는 긴 영어에 도전하라

여기까지 오느라고 정말 수고 많았다. 우리는 내가 하고 싶은 말을 영어로 만들기 위해 영어를 배운다. 영어 문장을 만들 줄 알아야 한다는 말이다. 다른 사람이 만들어놓은 영어 문장을 외운다면 그것은 한계가 있을 수밖에 없다.

나는 긴 영어를 위한 3가지 연결 방법을 설명하면서 가능하면 일본식 문법 용어를 사용하지 않으려고 했다. 하지만 나의 부족한 영어 실력과 일본식 문법에 익숙한 학습자들의 빠른 이해를 위해 우리가 학교에서 배운 문법 용어를 일부 사용하기도 했다.

이제 자신감을 가지고 다음 문장을 연결해보자.

한국 국민의 25%가 반려동물을 키운다. 반려동물에 대한 한국인의 애정은 각별하다. 반려동물을 자식이라고 생각하는 사람도 있다.

한국 국민의 25%다. 우리말의 '뭉쳐 있는 끝말', 즉 25%를 먼저 말하고 나머지 말을 연결하자. '키우다'는 동사 have를 사용해도 되지만, 여기서는 동사 raise를 사용해보자. 누군가를 자라게 하고 성장시킬 때는 raise를 사용해도 좋다. 단, grow를 사용한다면 스스로 자라고 성장한다는 의미가 된다.

25% of Koreans raise pets. Koreans' affection for pets is special. Some people even think of their pets as their children.

* affection 애정

간단한 문장은 전치사로 연결을 많이 한다는 것을 알 수 있다. 또한, pets와 children 앞에 their이 있다. 놓치기 쉬운 부분인데, 명사 앞에는 항상 a(an), the, some, 소유격이 있다고 생각해야 한다.

두 번째 문장이다.

반려동물 시장 규모가 커지고 있다. 그중의 하나가 펫 장례식장이다. 반려동물이 죽으면 사람처럼 관에 넣어 화장한다. 비용은 반려동물의 몸무게에 따라 달라진다.

like는 동사, 전치사, 접속사 역할을 할 수가 있다. 앞의 문장에서 like 뒤에 주어, 동사가 올 때는 접속사 역할을 한다. '달라지다'는 동사 depend로 표현해보자.

The market size for pets is increasing. One area that is growing larger is funerals for pets. When a pet dies, they put the pet in the coffin for cremation just like they do for a person. The cost depends on the weight of the pet.

* funeral 장례식 coffin 관 cremation 화장

문장 연결을 위해 전치사와 접속사가 사용되었다.

위에 있는 두 번째 문장을 보자. One area that is growing larger is funerals for pets인데, 이 문장은 '점점 커지고 있는 것 중의 하나' 라는 말을 표현하기 위해 that이 사용되었다. 얼핏 보면 is가 2개라서 헷갈린다. 어느 것이 동사인지 잘 봐야 하는데, 앞에 that이 있는 is는 동사가 아니다. '~는'이라고 해석해야 한다. 이 말이 너무 복잡하다면 간단히 줄여서 이렇게 말해도 좋다. One of them is funerals for pets. 단, 동사는 one에 수 일치를 시켜서 말해야 한다.

이번에는 의문문을 만드는 방법에 대해 생각해보자. 나는 지금까지 의문문을 만드는 방법을 말하지 않았지만, 여기서 간단히 설명하려고

한다.

아래 문장을 의문문으로 만들어보자.

당신은 반려동물을 키우나요? (당신은) 어떤 반려동물을 키우나요?

의문문 만들기는 어렵다. 영어의 어순이 우리말과 다른데, 의문문은 거기서 한 단계 더 나아가기 때문이다. 우리말, 일본어, 중국어는 문장 끝을 바꾸어서 의문문을 만든다. 영어는 말의 순서를 바꾼다. 근본적으로 의문문을 만드는 방법이 다른 것이다.

개념적으로 이해하고 넘어가자. 우리가 무엇인가를 물어볼 때, 우리말도 동사가 바뀐다. '먹다'가 '먹니?', '자다'가 '자니?' 등으로 동사가 바뀌는 것이다. 영어도 마찬가지로 동사가 바뀌는데, 바뀌는 방법이 2가지다.

동사에 따라, 동사의 위치를 바꾸거나, do(does, did)를 사용한다.

영어 동사는 3가지 종류가 있다. be 동사, 조동사, 일반 동사다. be 동사와 조동사는 의문문을 만들 때 동사의 위치를 바꾼다. 일반 동사는 do, does, did를 사용한다.

표로 그려보면 다음과 같다.

	be 동사	조동사	일반 동사
동사	am, are, is was, were	will, can, may must, should 등	go, eat, work 등
의문문 만드는 법	위치를 바꿈 (be 동사가 맨 앞에)	위치를 바꿈 (조동사가 맨 앞에)	do, does, did 사용 (주어와 시제에 따름)

먼저 be 동사를 보자.

1인칭과 2인칭은 주어에 따라 동사가 바뀌므로 좀 헷갈릴 수 있다. 그래서 3인칭으로 설명해보면 아래와 같다.

'그는 배가 고프다'는 'He is hungry'다. '그는 배가 고프나요?'는 be 동사가 앞으로 나온다. 'Is he hungry?'가 된다.

조동사를 보자.

'그녀는 영어를 말할 수 있다'는 'She can speak English'다. '그녀는 영어를 말할 수 있습니까?'는 조동사가 앞으로 나온다. 'Can she speak English?'가 된다.

be 동사와 조동사는 동사의 위치가 바뀌면서 의문문을 만든다.

이번에는 일반 동사에 대해 알아보자. 일반 동사는 동사의 위치가 바뀌는 것이 아니라 do(does, did)를 문장 앞에 사용한다. 우리가 do로 말을 시작하면 원어민들은 질문하는지 안다. 답변하려고 귀를 기울이는 것을 많이 봤다.

예를 들어보자.

'그는 한국에 산다'는 'He lives in Korea'다. '그는 한국에 사나요?'는 does 동사를 앞에 사용해서, 'Does he live in Korea?'가 되는 것이다.

이렇게 이해해도 좋다.

일반 동사 의문문은 동사가 2개이며, 그 사이에 주어가 들어간다고 말이다. does와 live라는 동사 2개 사이에 주어 he가 들어간 것이다. 두 번째 동사 자리에는 동사 원형이 온다. 본인이 이해하기 쉬운 방법으로 접근하는 것이 좋다.

하나 더 기억해야 할 내용이 있다. 의문사는 제일 앞자리에 오는데 관련된 명사를 같이 써준다. 의문사는 앞서 말했듯 앞에 'wh'가 붙은 말들로, where, when, who, how 같은 말이다. 예를 들어, '당신은 무슨 종류의 커피를 좋아하나요?' 라고 말할 때, '무슨 종류의 커피'가 맨 앞에 와야 한다. 'what kind of coffee do you like?'가 된다. 이 문장을 'what do you like coffee?'라고 말하는 학생들이 많다. 우리말도 '무슨 종류의 커피'가 붙어 있는 것처럼 영어도 붙여서 말해야 한다고 기억하면 좋다.

그래서 앞의 문장을 영작해보면 이와 같다.

Do you have a pet? What kind of pet do you have?

이제, 다음의 문장을 의문문으로 만들어보자.

왜 아이들은 어른들보다 반려동물을 더 좋아할까요?

'왜'를 먼저 쓰고, 첫 번째 동사 자리에 아이들에 맞는 동사 do를 넣어주면, 다음과 같이 완성할 수 있다.

Why do kids like pets more than adults do?

의문문은 많이 만들어보고 많이 말해봐야 한다. 의문문의 어순을 정말 모르겠다면 그냥 영어 어순대로 말하고 끝만 올리자. 어느 순간, 익숙해지면 자연스럽게 어순에 맞게 문장이 나온다.

머릿속에서 완벽한 문장을 만들어 한 번에 말하려는 욕심을 버리자. 영어는 생각하면서 붙여가며 말하는 것이다. 세상 무슨 일이든 한 번에 잘하게 되는 일은 없지만, 계속 연습하면 안 되는 일도 없다.

영어 연결 실전 연습

영어 연결 실전 연습(1)

제목 : 카페가 왜 이렇게 많을까?(Why Are There So Many Cafes?)

한국에는 다른 나라보다 유난히 카페가 많다. 직장가나 번화가에 가면 한 블록 건너 카페가 있을 정도로, 우리나라에서 쉽게 찾아볼 수 있는 것이 카페다.

______ __ other countries, Korea in particular has a lot of cafes. ______ you are going to work __ just walking __ the main street, you can see cafes __ every corner.

Compared to other countries, Korea in particular has a lot of cafes. Whether you are going to work or just walking on the main street, you can see cafes on every corner.

해설

1. compare : 동사, compared는 compare의 과거 분사
   compare to와 compare with는 비슷하게 사용하나 미묘한 차이가 있음.
   compare to는 주로 비유, compare with는 비교와 대조에 사용
2. in particular : 특히, 특별한
3. whether : 접속사로 뒤에 주어, 동사를 사용하거나 to로 연결
4. 붙어 있는 느낌의 전치사 on 사용

사람들은 음료만 마시는 것이 아니라 공간을 사용하기 위해 카페에 간다. 공부하거나 친구들과 편하게 앉아서 이야기할 공간이 필요해 카페에 가는 것이다.

People do __ ___ go to cafes to buy drinks, __ __ to make use _ the space ___ cafes provide. Many people will go to study or to just sit and talk with friends.

People do not only go to cafes to buy drinks, but also to make use of the space that cafes provide. Many people will go to study or to just sit and talk with friends.

해설

1. not only A but also B : A뿐만 아니라 B도(B를 더 강조하는 느낌)
A와 B에는 명사, 형용사, 부사, 동사가 올 수 있음.
수 일치는 B에 맞출 것(가장 가까운 명사와 수 일치)
2. cafes provide가 the space를 수식하고 있으며 that 생략 가능

공원이나 탄천 같은 사람들이 쉴 수 있는 공공시설이 많다면 어떨까? 그렇다고 해도, 여름에는 덥고 겨울에는 추워서 카페에 갈 수밖에 없을 것 같다.

How ____ it be if there ____ more public places ____ __ parks or streams ___ people could rest at? ____ __ there were, it is too hot __ the summer and too cold __ the winter so Cafes would be the best option.

How would it be if there were more public places such as parks or streams that people could rest at? Even if there were, it is too hot in the summer and too cold in the winter so Cafes would be the best option.

해설

1. 영어 가정법은 시제 늦춤으로 표현. will → would, are → were로 사용
시제를 과거로 사용하므로 사실이 아님을 알려줌. 즉, 공원이나 탄천 같은 공공시설이 없다는 것을 시제 늦춤으로 사실이 아님을 가정

2. such as : 전치사(~같은). 뒤에 명사가 오고, and나 or로 연결
3. Even if : 접속사(그럼에도 불구하고). 뒤에 주어와 동사로 연결
4. 계절과 연도에는 전치사 in 사용

커피 원두 가격 상승과 최저 임금 인상으로 인해 커피를 많이 팔아도 사장님은 남는 것이 없다고 한다. 최근에 생긴 저가 커피 전문점은 인기가 많지만, 키오스크 사용이 번거롭다. 커피 한잔을 주문하는 데 왜 이렇게 복잡한지 모르겠다.

________ the price of coffee beans is rising and minimum wage increasing, ____ _ the Cafe makes a lot of sales, the owner often has nothing ___ for themselves. ____, low-cost cafes are growing more popular, but the use _ kiosks is inconvenient. _______ even just a single coffee ___ ___ frustrating.

Because the price of coffee beans is rising and minimum wage increasing, even if the cafe makes a lot of sales, the owner often has nothing left for themselves. Lately, low-cost cafes are growing more popular, but the use of kiosks is inconvenient. Ordering even just a single coffee can be frustrating.

해설

1. because : 접속사(~ 때문에), 주어와 동사로 연결
2. even if : 접속사(~에도 불구하고), 주어와 동사로 연결
3. left : leave의 과거 분사로 형용사(~남는), nothing 뒤에 형용사 사용(left)
   (something, anything, nothing + 형용사)
4. lately : 부사(최근에). lately는 '늦게'라는 뜻이 아님. '늦게'는 late를 사용할 것
5. ordering : 동사 order를 동명사로 만들어 주어로 사용
6. can be : 말의 뉘앙스 강조. can은 조동사로 조동사 뒤에 형용사가 바로 올 수 없어
   be를 사용. frustrating은 동사 frustrate의 현재 분사로 형용사

영어 연결 실전 연습(2)

제목 : 당근마켓을 사용하나요?(Do You Use Dangeun Market?)

당근마켓은 중고 거래부터 동네 정보까지, 이웃들이 함께하는 지역 생활 커뮤니티다. 믿을 만한 동네 주민들과 거래를 하므로 대부분 포장과 택배비 없이 우리가 사는 동네에서 쉽고 편하게 거래할 수 있다.

Dangeun Market is a community ___ allows neighbors and people _____ nearby to make transactions buying and selling ___ goods. ______ _ packaging and shipping these items, you can have simple transactions with ____ people _ your area.

Dangeun Market is a community <u>that</u> allows neighbors and people living nearby to make transactions buying and selling used goods. Instead of packaging and shipping these items, you can have simple transactions with trusted people in your area.

해설

1. 동사 변형으로 연결
   현재형 : living(live), selling(sell), buying(buy)
   목적형 : to make(make)
   수동형 : used(use), trusted(trust)
   * packaging, shipping은 명사
2. instead of : 전치사(~대신에)

최근에는 중고 거래 외 지역 업체, 부동산, 구인 구직 등 지역 내에서 발생하는 생활 정보를 검색하고 게시자와 실시간으로 채팅할 수 있다. 한국 사람 중에 4명 중 1명은 당근마켓을 사용할 정도로 이용자 수가 급증했다.

Recently, ____ _____ just used goods transactions, you can also search ___ information _____ different areas such as recruitment options, real estate, and local companies as well as communicate ____ the posters __ ____ ____. The number of users __ Dangeun skyrocketed so fast that about one __ four people use it in Korea.

Recently, aside from just used goods transactions, you can also search for information within different areas such as recruitment options, real estate, and local companies as well as communicate with the posters in real time. The number of users on Dangeun skyrocketed so fast that about one in four people use it in Korea.

해설

1. aside from : 전치사(~외에는, ~를 제외하고)
2. A as well as B : 전치사, 접속사(A뿐만이 아니라 B도), A에 맞추어 동사 수 일치
3. in real time : 실시간으로, 동시에
4. 4명 중 1명 : 1명 먼저 말하고 4명을 말함. in이나 of로 연결

어린이 용품은 사용 기간이 길지 않아 당근마켓에서 유통이 잘되는 편이다. 당근마켓에서는 물건값을 흥정할 수 있고, 택배 요청을 할 수도 있다. 당근마켓에 회원 가입을 하면 지역 인증을 마쳐야 하므로 좀 더 안전한 거래를 할 수 있다.

Children's products are especially popular ___ Dangeun ___ they aren't used for long periods of time. You can even bargain over prices and request delivery services ________ Dangeun. _____ you make an account ___ the app, you must confirm your location, allowing the app ___ have safer transactions.

Children's products are especially popular on Dangeun as they aren't used for long periods of time. You can even bargain over prices and request delivery services through Dangeun. When you make an account on the app, you must confirm your location, allowing the app to have safer transactions.

해설

1. as : 전치사, 접속사, 부사(~하는 동안, ~하면서, ~하기 때문에, ~처럼)
2. when : 접속사, 주어 동사로 연결
3. 동사 변형 : allowing(allow), to have(have)
4. safer : safe 비교급(더 안전한)

영어 연결 실전 연습(3)

제목 : 회식 가기 싫어요(I Don't Like Company Dinners)

우리 회사는 회식이 너무 많아요. 일주일에 적어도 한 번은 회식하는 것 같아요. 저희 부장님이 자기가 술 먹고 싶을 때 꼭 회식하자고 해요. 저는 회식이 시간 낭비 같아요. 회식할 때 할 말도 별로 없고, 재미도 없어요.

Our company has a lot of company dinners. Every week we have __ ____ one. Our manager always wants to have a company dinner ______ he wants to drink. Personally, I feel that company dinners are _ ____ __ ___. We don't talk a lot and it isn't fun.

Our company has a lot of company dinners. Every week we have at least one. Our manager always wants to have a company dinner whenever he wants to drink. Personally, I feel that company dinners are a waste of time. We don't talk a lot and it isn't fun.

해설

1. at least : 적어도
2. whenever : 접속사, 주어 동사로 연결
3. a waste of time : 시간 낭비
   waste : 낭비(명사), 낭비하다(동사), a waste of money : 돈 낭비
4. fun : 재미있는, 즐거운(형용사), be 동사와 같이 사용
   funny(웃기는, 형용사)

요즘에 다른 회사들은 저녁보다 점심에 회식을 많이 한다고 들었어요. 제가 부장님께 그렇게 말했더니 어떻게 점심부터 술을 먹냐고 하더라고요. 우리 부장님은 술을 너무 좋아해요. 저는 우리 부장님이 일도 회식처럼 좀 열심히 했으면 좋겠어요.

These days some companies are having company lunches ______ __ dinners. I tried to tell this to our manager, but he didn't like the idea ______ he can't drink alcohol __ lunch. The manager really loves alcohol. I ___ our manager _____ put __ much effort into work __ he does drinking __ the company dinners.

These days some companies are having company lunches instead of dinners. I tried to tell this to our manager, but he didn't like the idea because he can't drink alcohol at lunch. The manager really loves alcohol. I wish our manager would put as much effort into work as he does drinking at the company dinners.

해설

1. instead of : 전치사(~대신에)
2. because : 접속사(~ 때문에), 주어와 동사로 연결
3. wish : 가능성이 작거나 불가능한 일을 바랄 때 사용, 여기서는 would와 같이 가정법으로 사용(부장이 일을 열심히 할 리가 없음)
4. as ~ as : ~만큼
   여기서 as(전치사) + 명사구 + as(접속사) + 주어 + 동사로 연결

회식하면 늦게 끝나서 집에 가야 해요. 다음 날 아침에 일어나기 힘들어요. 지난번에 늦게 일어나서 회사에 지각했어요. 다른 사람들은 회식해도 지각을 하지 않는데, 저는 몇 번 지각해서 너무 눈치가 보여요.

If there's a company dinner, I always __ ___ ___. It makes __ hard __ wake up the next day. Last time, I woke up late, so I was late to work. Other people aren't late ___ __ there is a company dinner, but ___ ___ ___ multiple times, so I __ a bit _____.

If there's a company dinner, I always get home late. It makes it hard to wake up the next day. Last time, I woke up late, so I was late to work. Other people aren't late even if there is a company dinner, but I've been late multiple times, so I am a bit worried.

해설

1. get home : 집에 도착하다(도착하는 행위 강조), go home(이동 자체를 강조)
2. make + it(가 목적어) + 형용사, 명사 + to 동사 :
   목적어가 중간에 들어가 길어지는 것이 싫어서 it이라는 가짜 목적어를 사용. 진짜 목적어는 to 뒤에 있음. '~하는 것을 ~하게 만들다'는 의미. make, think, believe, consider, find 동사가 이런 형식으로 사용
3. have been + 형용사 : 과거부터 지금까지의 기분이나 상태를 말함

제가 우리 회사에서 막내예요. 그래서 제가 고기를 구울 때가 많아요. 고기를 태우면 왜 고기를 태우냐고 부장님이 잔소리해요. 저는 회식 없는 회사에서 일하고 싶어요.

I am ___ ______ person in our company. So, I often must cook meat at company dinners. If I burn the meat, the manager ___ me ____ ___ I burned it. I want to work for a company ___ doesn't have company dinners.

I am the youngest person in our company. So, I often must cook meat at company dinners. If I burn the meat, the manager nags me about why I burned it. I want to work for a company that doesn't have company dinners.

해설

1. the youngest : 최상급. the + 형용사 est
2. about why : 전치사 + 접속사(의문사)를 쓰고 주어, 동사로 연결

영어 연결 실전 연습(4)

제목 : 크루즈 여행(Cruise Vacation)

지금까지 크루즈 여행은 시간과 경제적 여유가 있는 노인들을 위한 여행으로 여겨졌다. 하지만 크루즈 여행은 관광과 휴식을 한 번에 즐길 수 있다는 점에서 최근에 모든 연령층에서 새롭게 주목받고 있다.

____ ____, cruises ____ ____ ______ as a trip __ elderly people ___ more free time and financial freedom. However, recently cruises have been getting more attention ____ all age groups ______ you can enjoy sightseeing and relaxation _ __ ____ ____.

Until now, cruises have been regarded as a trip for elderly people with more free time and financial freedom. However, recently cruises have been getting more attention from all age groups because you can enjoy sightseeing and relaxation at the same time.

해설

1. until now : 지금까지(상황의 변화를 강조)
   so far도 '지금까지'라는 뜻이지만, so far는 특정한 상황이 진행 중임을 강조
2. have been regarded : 현재 완료에 수동의 느낌을 추가. '~지고 있다'로 해석
3. have been getting : 현재 완료에 진행의 느낌을 추가. '~해오고 있다'로 해석
4. have been 뒤에 과거 분사, 현재 분사, 형용사가 들어갈 수 있음. 어느 것을 넣더라도 have로 인해 기간을 전제로 함. '계속 ~하고 있다'라는 의미를 전달

크루즈는 수영장, 카지노, 면세점, 스파 등 레저 시설을 갖추고 있다. 다채로운 공연, 액티비티 등 화려한 엔터테인먼트 프로그램도 무료로 제공된다. 새로운 항구에 도착하면 기항지에 내려서 관광을 즐길 수 있다.

Cruises have leisure facilities ____ __ swimming pools, casinos, duty-free shops, and spas. There are also various entertainment activities and programs ______ __ ___ . When you arrive at a new port, you can ___ ___ the ship and enjoy sightseeing.

Cruises have leisure facilities such as swimming pools, casinos, duty-free shops, and spas. There are also various entertainment activities and programs provided for free. When you arrive at a new port, you can get off the ship and enjoy sightseeing.

해설

1. such as : (예를 들어) ~같은. 전치사 like와 뜻은 비슷하나 차이점이 있음.
   such는 '그러한'이라는 한정사. such as는 앞에 나온 명사의 범위에 포함되는 것이 뒤에 나오지만, like는 그렇지 않은 경우가 있음.
   such as는 for example의 의미가 있고, like는 similar to와 비슷함.
2. provided : provide의 수동형(과거 분사, 제공되는)
3. for free : 무료로

크루즈 여행에서 나에게 맞는 선실을 고르는 것은 매우 중요하다. 크루즈 선실은 내측, 오션뷰, 발코니, 스위트 객실로 나뉜다. 탑승객의 성향, 여행 스타일, 동반자, 예산 등 여러 항목을 고려해 나에게 맞는 선실을 고르면 된다.

I think it is important to _____ the right cabin to ____ __. There are interior rooms, ocean view rooms, balcony rooms and suite rooms. You should choose a cabin ___ suits you _____ considering various things ___ __ your travel style, number of companions and budget.

I think it is important to choose the right cabin to stay in.

There are interior rooms, ocean view rooms, balcony rooms and suite rooms. You should choose a cabin that suits you after considering various things such as your travel style, number of companions and budget.

해설

1. to 뒤에 동사가 올 때는 동사 원형(to 동사)
   choose 동사의 3단 변화 : choose – chose – chosen. (choice는 명사, 선택)
2. that 앞 명사가 단수이므로 that 뒤의 동사를 단수형으로 사용(a cabin, suits)
   (너에게 맞는 객실, 객실 / that / 맞는 / 너에게)

영어 연결 실전 연습(5)

제목 : 편의점에서 장보기(Convenience Store Shopping)

1인 가구 증가와 외식 물가 상승으로 편의점을 이용하는 인구가 늘어나고 있다. 크고 무거운 물건은 온라인 쇼핑몰을 이용하고, 생활에 필요한 물건은 마트에 가지 않고 편의점에서 산다.

_ the number of single households increases and the price of __ __ out rises, more people are going to convenience stores. Large and heavy items are purchased _____ and daily necessities __ ____ ____ at convenience stores instead of marts.

As the number of single households increases and the price of eating out rises, more people are going to convenience stores. Large and heavy items are purchased online and daily necessities are being bought at convenience stores instead of marts.

해설

1. '외식하다'는 eat out, 앞에 전치사 of가 있어서 eating으로 사용
2. online은 부사라서 앞에 전치사 사용하지 않음. online 대신에 on the internet도 가능
3. are being bought : 수동태(be+ p.p)에 being이 들어가 진행의 느낌을 추가

편의점보다 마트가 더 저렴하다. 하지만 편의점은 접근성이 좋아 시간이 없는 사람들은 편의점에서 장을 본다. 마트에 가서 주차하고 물건 사서 이동하는 시간과 노력을 고려하면, 편의점에서 장을 보는 것이 더 편하다.

Mart prices are more ________ than convenience stores. However, convenience stores are easily accessible so people ___ don't have much time choose to shop there. __ you consider the time and effort _____ to drive to and from the mart, convenience stores ___ __ more convenient.

Mart prices are more affordable than convenience stores.

However, convenience stores are easily accessible so people who don't have much time choose to shop there. If you consider the time and effort required to drive to and from the mart, convenience stores can be more convenient.

해설

1. affordable : 형용사(가격이 좋은, 가성비 좋은)
2. required : require의 수동형(요구되는)
3. can be convenient : 조동사 can 뒤에는 동사 원형 자리. 형용사를 연결하기 위해 동사 원형 be를 사용

편의점에서 제일 잘 팔리는 반찬거리는 두부다. 두부조림, 된장찌개, 두부김치 등 다양한 요리를 만들 수 있다. 달걀과 우유도 신선해서 많이 팔린다. 1+1이나 2+1처럼 행사 상품을 사면 알뜰하게 장을 볼 수 있다.

The best-selling side dish item _ convenience stores is tofu. Braised tofu, bean paste stew, kimchi tofu, and other various recipes are possible _ make ______ convenience store items. Eggs and milk are also fresh and sell a lot. If you buy items _ ___ for deals like 1+1 or 2+1, you can shop cheaply.

The best-selling side dish item at convenience stores is tofu.

Braised tofu, bean paste stew, kimchi tofu, and other various recipes are possible to make through convenience store items. Eggs and milk are also fresh and sell a lot. If you buy items on sale for deals like 1+1 or 2+1, you can shop cheaply.

해설

1. 제일 잘 팔리는 반찬거리와 편의점을 전치사 at으로 연결
2. on sale(할인 중인), for sale(팔려고 내놓은). 전치사에 따라 의미가 다름

나는 제발 영어를 길게 말하고 싶다

제1판 1쇄 2024년 7월 15일
제1판 2쇄 2024년 9월 27일

지은이 장정인
펴낸이 한성주
펴낸곳 ㈜두드림미디어
책임편집 최윤경, 배성분
디자인 노경녀(nkn3383@naver.com)

㈜두드림미디어
등 록 2015년 3월 25일(제2022-000009호)
주 소 서울시 강서구 공항대로 219, 620호, 621호
전 화 02)333-3577
팩 스 02)6455-3477
이메일 dodreamedia@naver.com(원고 투고 및 출판 관련 문의)
카 페 https://cafe.naver.com/dodreamedia

ISBN 979-11-93210-88-8 (13740)

책 내용에 관한 궁금증은 표지 앞날개에 있는 저자의 이메일이나 저자의 각종 SNS 연락처로 문의해주시길 바랍니다.

책값은 뒤표지에 있습니다.
파본은 구입하신 서점에서 교환해드립니다.